Preludio para ser el CRISTO

SAINT GERMAIN

PRELUDIO PARA SER EL CRISTO

Grupo Editorial Tomo, S. A. de C. V.
Nicolás San Juan 1043
03100 México, D. F.

1a. edición, abril 1998.
2a. edición, diciembre 1999.
3a. edición, noviembre 2002.
4a. edición, agosto 2007.

©   Traducción: Grupo Nueva Era

©   2007, Grupo Editorial Tomo, S.A. de C.V.
Nicolás San Juan 1043, Col. Del Valle
03100 México, D.F.
Tels. 5575-6615, 5575-8701 y 5575-0186
Fax. 5575-6695
http://www.grupotomo.com.mx
ISBN: 970-666-024-0
Miembro de la Cámara Nacional
de la Industria Editorial No 2961

Diseño de portada: Trilce Romero
Supervisor de producción: Leonardo Figueroa

Impreso en México - *Printed in Mexico*

Contenido

Reseña Biográfica

Para la historia oficial el origen del conde de Saint Germain es un enigma. Sobre su patria de nacimiento hay múltiples afirmaciones, pero la más digna de fe, es tal vez, la del príncipe Carlos de Hesse Cassel, quien declara en sus memorias que Saint Germain afirmó ser hijo del príncipe Rakoczy de Transilvania y de su primera esposa, una Teleky.

De todas maneras, a pesar de lo dicho por Carlos de Hesse Cassel, toda Europa se planteó el interrogante muchas veces.

Asumió por propia voluntad el nombre de Hermano Santo —que es lo que significa Saint Germain—, según se dice, para distinguirse de sus hermanos, aunque otras fuentes nos dicen que este nombre le viene del hecho de haber comprado una propiedad llamada San Germano en el Tirol italiano.

Este extraño personaje, que hablaba a la perfección cerca de treinta lenguas, tanto antiguas como modernas, que reunía en sí todos los conocimientos de la época, fue el asombro de las cortes europeas durante todo el siglo XVIII y principios del XIX. Recorrió Europa bajo diversos nombres, tales como marqués de Monferrat, conde Bellamarre, caballero Schoening, caballero Weldon, conde de Soltikoff, príncipe Rakoczy, conde de Surmont, etc.

Fue un experto en la transmutación de metales y piedras preciosas, lo que demuestra que la alquimia no guardaba secretos para él, afirmándose también que sabía preparar un elixir de eterna juventud mediante el cual se conservaba siempre joven, como lo atestiguan todos los que lo conocieron, pues mientras la gente a su alrededor mostraba en sus cuerpos el paso del tiempo, él aparentaba siempre alrededor de cuarenta años.

Saint Germain fue un adepto dotado de los más grandes poderes. Profetizó ante Luis XV, Luis XVI y María Antonieta los tempestuosos acontecimientos que se avecinaban para Europa. Poseía el don de la ubicuidad, y se cuenta que podía aparecer en donde se lo necesitara, sin recurrir al uso de las puertas y adivinándolo telepáticamente, cuando era llamado o invocado. Tenía una memoria prodigiosa demostrada no sólo en su conocimiento lingüístico, sino también cuando, leyendo rápidamente un largo escrito, era capaz de repetirlo palabra por palabra al día siguiente.

Controlaba perfectamente y en forma igual los dos hemisferios de su cerebro, demostrando esto al escribir dos cartas al mismo tiempo, con una mano una carta de amor y con la otra una de alta filosofía. Como músico tenía un talento extraordinario, siendo capaz de tocar todos los instrumentos, aunque el violín era su preferido.

Se lo describe físicamente como bien proporcionado y de peso mediano, con facciones regulares y agradables, cabello negro y tez ligeramente morena, frente amplia y ojos separados. Vestía con elegancia pero en forma sencilla, con ropa algo ceñida y generalmente de color negro. Solía relatar en sus charlas cortesanas, experiencias vividas varios siglos y aun milenios atrás, con lo cual provocaba en sus oyentes un enorme asombro, seguido éste tanto del escepticismo y la burla, como de la admiración de algunos pocos amigos fieles que tuvo.

Actuó también en el terreno de la diplomacia, recordándose especialmente su viaje a La Haya para hacer arreglos de paz con los holandeses por encargo de Luis XI de Francia.

En cuanto al hecho de su muerte, éste es un asunto tan misterioso y lleno de incógnitas como su nacimiento. Oficialmente se dice que "murió" en casa de su amigo y protector el príncipe Carlos de Hesse Cassel, el 27 de febrero de 1784. ¿Es cierto esto? Si esto es cierto, ¿cómo fue entonces que se apareció en 1789 a Madame d'Adhemar para predecir los episodios revolucionarios, y a Rudolf Gräffer en 1790 revelándose sucesos que habían de tener lugar en los siglos XIX y XX, tales como el nacimiento de los ferrocarriles y los barcos a vapor en el siglo XIX y las alteraciones climáticas que vendrán en el fin del ciclo astronómico actual, en las postrimerías del siglo XX?

¿Quién es realmente el conde de Saint Germain? Las enseñanzas ocultas nos dicen que la individualidad altamente evolucionada que apareció en Europa con ese nombre, llegó el adeptado bajo la vestidura física del hijo del príncipe Rakoczy, habiendo sido antes el filósofo Francis Bacon y antes el también filósofo y científico Roger Bacon. Siendo Francis Bacon, escribió las obras que aparecieron después como de William Shakespeare.

Logró su tercera iniciación en el cuerpo de Francis Bacon y su cuarta y quinta iniciaciones en el cuerpo de Rakoczy. Ya como Maestro Rakoczy, perteneciente al séptimo rayo, le fue dada la regencia de Europa y América en el gran gobierno interno del mundo que dirige la evolución de la humanidad. En la primera mitad del siglo XX asumió el cargo de Mahachohan, llamado también Señor de la civilización, el cual es uno de los tres grandes Señores que, encarnando los tres rayos mayores (Voluntad o Poder, Amor-Sabiduría e Inteligencia o Actividad) guía a los hijos de los hombres hacia su perfección.

El Mahachohan encarna el aspecto inteligencia, y su tarea es la de estimular el desarrollo de ésta entre los hombres para así —fortaleciendo la relación entre la vida y la forma, el espíritu y la materia—, beneficiar a la civilización, resultante de la acción del hombre inteligente sobre la naturaleza.

El que Saint Germain tenga un alma del séptimo rayo (Magia Ceremonial), y que durante la vida de su cuerpo físico haya pertenecido a logias secretas francmasónicas y rosacruces, nos indica que su acción se efectúa principalmente por medio del ritual esotérico, aunque también por ser el séptimo rayo un subsidiario del tercero (al igual que el cuarto, el quinto y el sexto) influenció ya desde antes de asumir el puesto de Mahachohan a todos los discípulos cuya alma es de tercer rayo, siendo fundamental su aporte a los descubrimientos científicos de la edad contemporánea. Esta influencia se realizó por medio de la impresión telepática en la mente de los buscadores, causando las a menudo llamadas inspiraciones que todo profundo pensador conoce.

Aquél que se llamó a sí mismo el Noble Hermano Santo (conde de Saint Germain), Noble de Sobre Monte (conde de Surmont) y Caballero Bienhechor (Waldone), debe retornar al mundo, según piensan algunos, para dar un mensaje especial a través de un vehículo físico apto y puro, tal como lo hicieron el Cristo Maitreya a través del cuerpo de Jesús, y el Buda Amitaba a través del cuerpo de Gautama.

¿Dónde estará el castillo (cuerpo causal) en el cual el "Conde" podrá aposentarse?

Introducción

Cuando el Amado Santo AEolus sostuvo el cargo de Maha Chohan. Él nos impartió la sabiduría concerniente a la custodia de la conciencia individual, y en ese momento dio una serie de Lecciones que ahora es nuestro gran placer presentar a todos quienes estén deseosos de avanzar en la **LUZ**, y expandir su conciencia a través del estudio y la aplicación de las **VERDADES** contenidas dentro de ellas.

Es nuestro sincero deseo que estas Lecciones provean una mayor iluminación concerniente al tema de la **CONCIENCIA**, un entendimiento el cual es fundamentalmente necesario en nuestros estudios de la vida en todo el **UNIVERSO**.

La Iglesia de la Nueva Era de Cristo

Conciencia

El estado de conciencia en el cual un hombre vive, determina cuánta felicidad o desdicha él conoce durante su estadía sobre el plano Terrenal.

No existen dos seres no ascendidos que vivan en el mismo estado de conciencia constantemente. Los seres no ascendidos se reúnen y entran a la misma esfera de conciencia en una lectura en las escuelas y en las iglesias, y por un momento se codean, pero regresan nuevamente hacia dentro de la rueda y esfera de su conciencia individual desarrollada a través de las centurias. Dentro de estas formas de espiral material, ellos saltan como una pelota de goma a través del curso de un día, se sumergen dentro de la oscuridad, son elevados por la exaltación temporal, explotan en la ira, y así sucesivamente; algunas veces pasan a través de cientos de estados de conciencia en el curso de un periodo de ocho horas.

Ahora bien, cada estado de conciencia a través del cual ellos pasan tiene una vibración. Todas las tendencias y emociones destructivas naturalmente tienen una acción vibratoria que es desintegradora para la naturaleza espiritual evolucionando a través del alma. El alma que está siendo golpeada por estas vibraciones (las cuales cambian algunas veces tan a menudo como tres veces en un minuto) trata de captar la Luz de la guía Espiritual y algunas veces la dirección desde lo alto; el

Ser Superior se esfuerza en enviar a través de este torbellino de vibraciones, suficiente presión para ser el poder guiador del alma.

Esto requiere que el Ser Superior deba asegurar una acción vibratoria de Su Luz que pueda pasar a través de las ondas de vibración; pero antes que esa Luz pueda ser anclada, el individuo ha pasado hacia dentro de otra acción vibratoria y estado de conciencia. La Conciencia Espiritual nuevamente cambia la dirección vibratoria pero para el momento en que ésta alcanza al alma, el alma está en otro estado de conciencia —corriendo de un lugar a otro— con el Ser Espiritual esforzándose en agarrarla lo suficientemente quieta en cualquier estado de conciencia para asegurar una entrada para traer la Luz y el Auxilio Espiritual requerido.

Ustedes, por lo tanto ven que entrenar individuos para que mantengan un estado de acción vibratoria más o menos estable en sus vehículos, es hacerles capaces para que su propio Ser Superior les dé a ellos el Alimento Espiritual, la guía y el Coraje requerido para su Liberación. Muchos estudiantes nuevos disfrutando del conocimiento espiritual algunas veces han experimentado un entusiasmo fogoso que, aunque ellos se sientan bien, va también rápidamente a chocar con la acción vibratoria del alma, y Nosotros, por lo tanto, siempre recomendamos el sostener al ser externo en el Sendero del Medio de tal forma que la Luz y la Radiación desde la Presencia "**YO SOY**" pueda entrar y llegar a ser una con la acción vibratoria del aspirante. De ese modo el progreso y el desarrollo llega más rápidamente al hombre anclado en la Paz, antes que a la más entusiasta pero incontrolada corriente de vida.

Cómo la Conciencia de ustedes puede asistir a los demás

No hay límite en lo que un hombre o una mujer pueda hacer por cualquier número de corrientes de vida a través de un pensamiento y sentimiento fuerte, firmemente sostenido dentro de la conciencia para EL BIEN. No hay poder en todo el universo que pueda oponerse a un PENSAMIENTO BUENO o que pueda manifestarse un pensamiento de maldad a menos que el individuo que sostiene lo constructivo escoja permitirle salir. Ese es el porqué se ha dicho que "uno con Dios es la mayoría". Ese es el porqué un ser no ascendido podría impedir la disolución del planeta Tierra si su conciencia pudiese estar firme ante la mente de la masa, apariencias o cualquier número de presiones visibles o invisibles que intentaran cambiar el pensamiento y sentimiento de Perfección y Protección sostenido por aquel SER.

Todas las fuerzas del infierno combinadas, con todas sus energías, no pueden prevalecer contra el más pequeño de los pensamientos que esté de acuerdo con el Plan de Dios a menos que la corriente de vida que sostenga el pensamiento renuncie a él, y así con la gran tenacidad de espíritu, sepan que ustedes tienen una armadura invulnerable y un tremendo poder para liberar, curar y sostener la Paz, a menos que ustedes abandonen sus pensamientos por un pensamiento menos que perfecto en la mente o corazón de otro.

El mantener y sostener la paz

La única forma de que la Presencia "**YO SOY**" pueda alcanzar la conciencia externa del hombre, es dirigiendo ciertas vibraciones, para que entren dentro de la conciencia externa tales como deseos, sentimientos, aspiraciones, y una presión hacia cierta actividad a pesar de que la personalidad externa sea frecuentemente incapaz de explicarse mediante RAZONAMIENTOS, eso que es el impulso del corazón. Hasta que el desarrollo del chela capacite a la conciencia externa en un estado consciente total, a unirse con el Plan Divino e Imagen sostenida en el Ser Superior, la Presencia "**YO SOY**" usará las vibraciones e impulsos sutiles para adelantar el Plan de Perfección, porque el alma y los vehículos inferiores del hombre deben ser receptivos a estas vibraciones a fin de que ellos graben lo suficiente y fuertemente la acción a seguirse.

Nosotros enfatizamos particularmente que se cultive y se mantenga tanto como sea posible una vibración estacionaria y sin cambios, a través de los vehículos inferiores, bajo todas las circunstancias y todo esfuerzo.

Así como la estática destruye un programa de radio televisión, haciendo a menudo imposible de entender las palabras o mensajes, o interpretar el cuadro, así también la discordia de cualquier naturaleza distorsiona los impulsos y vibraciones de la presencia "**YO SOY**" de tal forma que ellos ni son recibidos ni anclados dentro de la energía de la personalidad externa con la suficiente fuerza como para que se conviertan en guía del diario vivir.

En los momentos de crisis, más que nunca les es requerido a los individuos que mantengan un flujo constante de conexión con su Presencia "**YO SOY**", y Nosotros necesitamos que tales individuos construyan ese ímpetu y mantengan y sostengan una acción vibratoria pacífica de tal forma que la receptividad de los Impulsos Divinos pueda ser clara y precisa, lo suficiente como para ser una protección y guía para miles de emergencias que puedan manifestarse.

Aceleren su conciencia hacia la Edad Dorada

Nuevamente estamos estudiando la Conciencia y la Presencia de la Perfección en este Universo AHORA. Al igual que los programas de radio están presentes en un salón pero requieren de un instrumento para hacer salir sus vibraciones, como un sonido que sea audible a los oídos de los cuerpos físicos, de la misma manera la Edad Dorada siempre está presente, porque nosotros estamos viviendo en el presente, y estamos disfrutando la Edad Dorada AHORA en Nuestra Octava en donde la Perfección, la Armonía, la Belleza y la Liberación son la atmósfera en la cual vivimos.

Ustedes pueden, y lo hacen, sincronizarse con esa Edad Dorada cuando Nos contactan, cuando oyen Nuestras palabras, o cuando Nuestras Presencias llegan a ustedes en sus contemplaciones o devociones. En tales momentos su conciencia es acelerada y elevada hacia dentro de las Vibraciones Superiores que están siempre presentes. Estamos deseosos de sostenerles en esa conciencia para que puedan vivir en el mundo y sin embargo no ser de él.

Con este fin, les sugerimos demanden que sus conciencias sean envueltas en las de sus propias Presencias "YO SOY", o la de cualquier Maestro Ascendido, todo el tiempo, y luego a través del esfuerzo auto-conciente, traten de pensar, sentir, vivir y hablar como si ya hubieran pasado a través de las Puertas hacia dentro del Reino Celestial y ya fueran huéspedes honorables entre la Congregación Perfeccionada allí.

Mediante la práctica de sus Presencias en el Reino, encontrarán que esto puede convertirse en una realidad en vez de una fantasía.

El suministro del bien de Dios Omnipresente

El Universo, creado como está, está completo y totalmente surtido —por así decir— con cada requisito para el pleno disfrute de la humanidad de su Estado Divino. La misma Ley de la Creación es tal que el Logo Solar quien tomó la responsabilidad de la evolución de la humanidad sobre la Tierra, creó y atrajo desde el Corazón de Dios, con la cooperación de incontables Seres Ascendidos y Huestes Dévicas, un gran almacén, por así decir, o Reservorio Cósmico en el cual se guarda toda la Opulencia, la Belleza, la Armonía, la Salud, y asistencia que posiblemente cada uno de los diez billones de corrientes de vida podría requerir para cumplir sus Planes Divinos individuales.

Es como un Fondo Cósmico de Consorcio establecido según la Ley Divina bajo la supervisión del mismo Dios Solar, el cual tuvo que ser completado y ofrecido como un Depósito antes que los Constructores Elohímicos pudiesen tomar la responsabilidad de la creación. En consecuencia a través de la atmósfera de la Tierra hay pulsando incontables provisiones de inusuales Bendiciones, Poderes, Actividades, Cualidades y Expresiones de Opulencia de la Perfección, que no hay corriente de vida que no pudiese tener la plenitud de su Herencia Divina en cualquier instante que escoja conectar su conciencia con la del Bien presente y eterno. En el lenguaje metafísico, Nosotros le llamamos El Suministro Omnisciente y Omnipresente.

En la mayoría de las moradas míseras o los hogares construidos de paja, encontrarán las vibraciones de Belleza fluyendo, sin ser interrumpida por la conciencia limitada que mora dentro de esa condición. De esta forma, la humanidad ha permanecido atrapada en una conciencia de limitación mientras que a través de sus cuerpos está constantemente moviéndose libremente, el Bien siempre presente.

Elevar el intelecto fuera del poder intenso que le ha dado el mundo aparente requiere toda la presión Cósmica de Nuestras Llamas y Rayos combinados. Una vez que la identidad individual se abre ella misma al influjo de estos Rayos que traen la Belleza, la Armonía, la Opulencia y la Paz, y la Conciencia se expande desde su estado diminuto y envuelve al Bien Universal (que está siempre presente), tal ser estará liberado de su dependencia del ingreso financiero limitado, en la realización de que el Suministro presente y Eterno, por su naturaleza, entrará en su mundo cuando lo abrigue en su conciencia, y que se requiere dinero, a medida que él sostenga su atención libre del dinero como entrado del todo en su Imagen mental, la Perfección gloriosa que construya en su conciencia, producirá como un efecto, el suministro requerido al atraerlo a través de los canales naturales hacia dentro de su experiencia.

El dinero es a menudo rechazado por los pensamientos del Chela

De todas, ésta es una de las tareas más difíciles, la de plantear a la conciencia humana el tema de intercambio monetario —en el cual la personalidad humana se convierte en cautelosa y protectora—; pero si Yo puedo convencer al intelecto que la acción de la Ley es abrir la conciencia, esperando el milagro, sin darle pensamiento alguno a lo aparente, y abrigando con anticipación la gloria de la Opulencia de la Perfección, entonces aquellos individuos que, con tenacidad, SOSTENGAN ESTA ACCION DE LA LEY, se encontrarán ellos mismos libres de la esclavitud ante el dólar y el dólar se convertirá en el servidor de la conciencia como debería serlo.

Cuando lleguen a este entendimiento con la meditación y la contemplación sincera de mente abierta, esto debería dar una gran liberación a la naturaleza interna.

Experimenten con la Conciencia

El estudio de la Conciencia es el Estudio de la Liberación, porque una vez que la corriente de vida comienza a experimentar con los poderes creativos contenidos dentro de la influencia individual gobernante de los propios pensamientos y sentimientos de alguien, tal ser se para en el umbral de la asistencia y la liberación completa de las ataduras del pensamiento y sentimiento de la tercera dimensión.

La Edad Dorada es la presencia de la Octava de los Maestros Ascendidos en la conciencia de toda vida. Nosotros vivimos en la Edad Dorada AHORA debido a que no hay tiempo en Dios; no hay ni el pasado, ni el futuro —sólo siempre el presente. La Edad Dorada es una conciencia de Perfección, de Armonía, de Belleza, de Salud y de Paz.

Nuestra conciencia individual, a través de las centurias se fundió y llegó a ser una con la Conciencia de Dios que no reconoce la imperfección, y la cual crea constantemente, mediante los poderes creadores dentro de sí misma la Perfección siempre expandiéndose. Por lo tanto, todas las personas no ascendidas, están viviendo en la presencia de la Edad Dorada, pero la desechan mediante sus propios pensamientos y sentimientos.

Hay una gran esperanza cuando alguien puede sincronizarse con la conciencia de la siempre presente Edad Dorada y permitirle, justamente como un magneto, acariciar y atraer dentro de sí misma la plenitud de esa Belleza. Tal conciencia individual se convierte luego, por su propia naturaleza, en un proyector de la Edad

Dorada a través de la corriente de vida individual así sincronizada con (y en ese círculo siempre ensanchándose), la Perfección de esa Era que comienza a fluir a través de cualquiera que sea la conciencia que se ofrezca a sí misma como una copa para esas fuerzas.

Cuando se pueda encontrar uno o más seres para prestar tal servicio, podrán ver cómo esto acelera la percepción de la Edad Dorada por las masas. El sentimiento de lucha que siempre ha envuelto a los Movimientos nuevos es totalmente innecesario.

La Conciencia precipita

La Conciencia, por su naturaleza, precipita, y así como ustedes acaricien el Reino de los Cielos en su conciencia, éste no podrá cesar de precipitarse dentro de sus mundos más que lo que el Sol pueda cesar de precipitar la Luz y no estallar. Aún más, el pilluelo en la calle que podría contemplar y acariciar un palacio en sus pensamientos y sentimientos, por su propia naturaleza, manifestaría esa bendición a pesar de que todas las leyes naturales del mundo externo rechazaran la riqueza, poder o autoridad.

Tampoco el intercambio monetario, el linaje, la herencia, o el medio ambiente es la ley sobre el poder precipitador de la conciencia. PERO la conciencia sin entrenar se afecta por el medio ambiente que ella acaricia en ese medio ambiente, y en consecuencia duplica la forma, generación tras generación, lo cual parece ser una esclavitud del nacimiento.

No importa cuál es el estado del hombre, su conciencia es el camino hacia su Liberación —sea que él esté sentado en la oscuridad de un calabozo o en la cima del Monte Sinaí— sea que él more en el palacio de un rey o en la cabaña de un pastor de cabras.

Expansión o limitación

Una vez que el Chela puede captar la Verdad Eterna que el estado de pensamiento y sentimiento que forma la conciencia del individuo representa su riqueza, su salud, su medio ambiente, y las experiencias a través de las cuales él pasará hora tras hora, tal ser ha comenzado a cortar las cadenas y las ataduras de limitación, y entra al reino donde él es maestro de las circunstancias.

Tomen como ejemplo el intercambio de dinero —un hombre mide su riqueza, su habilidad de servir, la belleza con la cual él mismo se rodea, y sus actos de beneficencia para con el resto de la vida, en base al dinero físico (sea en sus posesiones, o por ley natural) que le llega en el proceso de pagos humanos, dotaciones, salarios y así sucesivamente, y con eso él faculta a un objeto inanimado para que le dé un pequeño porcentaje de la sustancia del Universo a través de su habilidad para regular sus asuntos y su vida, y vive, día tras día, año tras año, bajo los dictados de este intercambio.

Saint Germain ha afirmado que el dinero es únicamente tan valioso como su presencia monetaria lo que requiere para un medio de cambio. Nosotros hemos visto el intercambio monetario de varias naciones convertirse en nada y las fortunas del estado y los individuos reducidas a la nada; todavía el estudiante no puede percibir que es su conciencia, y no la cantidad de posesiones físicas en sus manos lo que representa o su salud o su prosperidad.

Voy a tratar de demostrarles la forma y medios a través de los cuales pueden apartarse de sus dificultades aparentes, y con el uso del Fuego Sagrado, MOLDEAR dentro de su universo toda la Belleza, toda la Perfección, toda la Felicidad, Opulencia, Salud y Confort que ustedes deseen: y cuando hayan enriquecido su conciencia mediante la ACEPTACION de la Opulencia siempre presente, pulsando a través de la Luz Universal, encontrarán que el dinero es un EFECTO que se manifestará desde esta Causa interna, que será un servidor apareciendo como un genio antiguo a medida que los requerimientos del momento lo demanden.

El dinero es un servidor

El dinero como el intelecto, es un bello servidor, pero un cruel maestro. En sí mismo, éste no puede comprar ninguno de los Regalos Eternos de Dios. Este no puede manejar la vida excepto donde otra parte de la vida escoja aceptar el dinero en retorno por los gastos de la energía de la vida. Este no puede comprar la Paz, no puede comprar la felicidad, no puede comprar la Belleza, la Iluminación, el Entendimiento, o la Sabiduría. Un hombre que viva en una isla desierta con todas las posesiones físicas del planeta Tierra, pero sin la cooperación de la Naturaleza, no sostendría la vida en su cuerpo durante largo tiempo, porque esto no se come, no se puede respirar como aire, no puede calentar como el Sol. Es tan valioso sólo como el hombre lo ha hecho, porque él sirve al dinero donde los Dioses sirven a la Vida, y cuando llegue la hora en que la humanidad despierte para dar Servicio para la Alegría de la expansión de la Perfección de la Vida, el intercambio monetario del planeta Tierra cesará de ser.

Para Ustedes que están deseosos de tener su liberación financiera, les ruego meditar a menudo que sus riquezas no están en las finanzas, sino en la contemplación de la Presencia Universal de Todo Bien, y si el resto del Universo necesitó dinero para darles a ustedes los productos que ellos crearon mediante el uso de la Energía de la Vida, la Ley de su ser debería suplir ese intercambio monetario.

Ellos deberían recibir el dinero, y ustedes recibirían la Belleza, la Opulencia, y la Perfección que es más de Dios. Luego ustedes estarían cumpliendo con la ley externa y adicionalmente llenando su universo con la plenitud de la Perfección del Universo total.

Entrenen la Conciencia para contemplar sólo el bien

Los hombres y mujeres sin el despertar están atados al plano tridimensional, debido a que ellos no saben del Poder Creativo que les ha sido conferido individualmente, y el cual regula sus experiencias de vida.

Por lo tanto, ellos usan su conciencia para SOS-TENER su estado antes que para MEJORARLO. Esta conciencia refleja su familia, su medio ambiente, su raza, y luego a través del poder creativo dentro de si misma, reproyecta eso que entretuvieron dentro de ella.

Las almas fuertes, de tiempo en tiempo, han escapado con gran esfuerzo, del patrón de su pueblo a través de la ayuda de un Ser Ascendido. Quien colocó sobre su conciencia una impresión fuerte para que ellos fueran lo suficientemente receptivos como para comprender. Sin embargo, tales personas llegan a ser las excepciones de la regla.

Con los chelas sin embargo, una vez que llegan a estar conscientes de que lo que entretienen en la conciencia se convierte en una realidad para ellos, debería ocurrir una transformación completa de la naturaleza interna en donde esta conciencia no aceptara más los resortes de los sentidos que conducen a una expresión limitada e imperfecta de la mente, cuerpo y asuntos.

Tales chelas deben tomar su conciencia firmemente en las manos y expulsar su costumbre de aceptación — sacudiéndola libremente como sacudirían el polvo espeso de la ventana. Este proceso tendrá que ser repetido una y otra vez debido a que la conciencia se acomoda de nuevo dentro de su enchufe, mediante el hábito y por su propio peso.

Cuando ustedes DETERMINEN desconectar esa conciencia de la mente de la masa, inmediatamente atraerán la atención de uno o más Miembros de la Hueste Ascendida. Ellos comienzan a hacer vibrar Su Luz dentro de sus conciencias que absorben y acarician más del Plan Divino en pensamientos y sentimientos. Esto hace que la suma total de la conciencia sea más ligera y manejable.

Luego, a medida que ustedes conscientemente la ENTRENEN para contemplar el BIEN, y rechazar repetidamente el permitir que los tentáculos se re-conecten con la limitación, la encontrarán que llega a ser mucho más fácil de sincronizarse con la Edad Dorada SIEMPRE PRESENTE hasta que no haya un deseo instintivo de la conciencia para que regrese corriendo a su estado anterior cada vez que ustedes no cumplan con su aplicación consciente, y luego ésta aprenderá a cabalgar por encima de la mente de la masa sobre las Alas de la Luz. Entonces el estado estacionario de su ser, como el de adepto, será de una percepción constante y de reconocimiento de la PERFECCION.

Este proceso de desconexión con lo viejo, y el proceso de reorientación de la mente en lo nuevo, es el período más difícil pero es uno en el cual se recibe la más grande asistencia de los Maestros Ascendidos y ustedes pueden pedirle a Ellos que se encarguen de su conciencia y la envuelvan en sus Corazones Cósmicos. Pueden insistir sobre la asistencia del Cristo Interno al respecto, y a medida que su conciencia comience a responder sólo para la expresión de la Perfección, tanto sus vehículos físicos como sus asuntos reflejarán sus pensamientos y sentimientos correctos.

El suministro y la demanda

El Suministro siempre precede a la demanda. Por ejemplo, hay aire en el Universo antes que el infante tome su primer aliento. Hay Luz en el Universo antes que la planta irrumpa a través de la superficie de la tierra y requiere de sus rayos benéficos.

Así como una madre se prepara para la llegada del niño antes que él entre dentro del plano de tres dimensiones, así también el Padre Universal prepara cada actividad, regalo, poder y requerimiento para la corriente de vida ANTES de su viaje hacia dentro del mundo tridimensional de las experiencias a tomar lugar. A medida que el individuo pasa a través de su experiencia Terrena él se encuentra, de vez en cuando, que hay varios requerimientos que necesita a fin de cumplir estos requerimientos que están a la mano. PROBANDO que el Gran Plan Divino de Amor y la gran Presencia Guiadora previó el desenvolvimiento de su naturaleza y que verdaderamente se cumple la afirmación: "Antes que ellos hayan llamado. Yo he respondido".

En la evolución de un individuo desde la niñez hasta el estado adulto y los requerimientos que se aumenten debido al crecimiento del cuerpo y del alma, y a la civilización en la cual él mismo se encuentra, la vida le ha provisto, más o menos, la satisfacción de esos requerimientos tales como de instrucción, educación superior, y asimilación dentro de algún esfuerzo provechoso. A medida que la raza entera prosiga en su evolución, la Ley Superior ha provisto más y más Regalos Universales para ayudarle, tales como la luz, la electricidad, el transporte por aire y así sucesivamente. Por lo tanto pueden ver que hay una extracción constante desde lo invisible de más y más de los Regalos de Dios para cumplir los requerimientos de la humanidad en evolución. Esto nos mostrará luego, que ha habido siempre una gran Belleza sin uso, ya perfeccionada en el Universo

Por ejemplo, vamos a tomar el bulbo de luz eléctrica. No fue hasta que alguien se perfeccionó para demandar de lo Universal, que éste vino a la existencia, a pesar de que la electricidad y la luz estuvieron en el Universo todo el tiempo —pero ninguno las había demandado lo suficiente a fin de manifestarlas en el externo.

El aeroplano no apareció hasta que algún ser no ascendido demandó más velocidad en el transporte. Entonces el plano completo que estaba en el Universo en el tiempo de Marco Polo llegó a ser manifiesto en nuestro mundo moderno.

La limitación es de su propia Elección

El hombre promedio escoge permanecer en su propia conciencia limitada —aceptándola como si llegara cualquier innovación en el perfeccionamiento universal de algún hijo o hija valiente que escogiera demandarlo de la Vida. Pero ustedes pueden ver desde arriba que la gran Opulencia Universal que pulsa SIN USO puede ser sincronizada y atraída AHORA, así como desde hace cientos de años.

La Edad Dorada puede ser experimentada en su plenitud por cualquier parte de la vida no ascendida en esta misma hora al sincronizar la conciencia dentro de ella y DEMANDANDO su expresión, y viviendo en su gloria sin esperar que un voluntario valiente la atraiga. Luego como la electricidad y el transporte por aire, las masas la disfrutarán en los años venideros.

La Unión con la conciencia cósmica

El gran Regocijo Cósmico cuando un ser no ascendido eleva su conciencia hasta un punto de unión con la Conciencia Cósmica no puede ser descrito en palabras, mas, el individuo que está aspirando hacia el perfecto entendimiento, nunca cesaría en su búsqueda si él pudiese tener una vislumbre previa del éxtasis que llega cuando su personalidad individual externa se mezcla con la Conciencia Divina del Reino Celestial. Debería renunciarse y ser abandonado para siempre el empeño y el esfuerzo para sostener una conciencia separada a medida que la conciencia individual se funde dentro del despertar de la Unidad de toda vida.

La Conciencia Universal e Individual

En los seres no ascendidos más avanzados aún hay una circunferencia en la cual su identidad individual mora. Esta es como una banda que lo separa de lo Universal y en el momento de la Ascensión, esa banda se desprende y luego la conciencia individual fluye hacia afuera hacia cada electrón de cada estrella y planeta del Sistema. Esa liberación y entrega total no llega inconscientemente sino que al contrario, es un tremendo alerta en donde el individuo está completamente consciente del sentimiento de cada estrella y planeta en el Sistema y encuentra que todos ellos están sostenidos dentro del compás de su propio corazón.

La Conciencia Cósmica hacia la cual el chela se esfuerza es digna de cada onza de cada electrón que alguna vez tomaron prestado del Corazón de Dios, y los momentos de contemplación que les han llevado a ustedes a remontarse por encima de las cosas de la Tierra no son sino un fragmento de la alegría eterna de convertirse en UNO con todo lo que es.

La Hermandad Universal es de tal exquisita Unidad que Nosotros no vivimos este momento sino sólo para que todos los hombres, mujeres y niños (quienes piensan ellos mismos independientemente de Nosotros), regresen al Hogar para experimentar esta plenitud.

La frecuencia vibratoria de la Conciencia es el factor determinante

La conciencia de cada hombre puede absorber y retener solamente lo que vibra a la misma frecuencia en el pensamiento y sentimiento general natural del individuo. La Conciencia es una serie de vibraciones determinada por eso es que ha sostenido la atención de la corriente de vida a través de la contemplación, el pensamiento, el sentimiento, y la actividad de los sentidos.

Las vibraciones sutiles y rápidas de las Octavas Superiores no pueden encontrar entrada dentro de la conciencia de la masa de la humanidad, debido a la falta de compatibilidad con la longitud de onda de la energía en movimiento en sus mentes que representa su estado de conciencia. Luego veremos que entrar dentro de la Conciencia de un Maestro Ascendido (que es una con la Conciencia de La Mente Divina) requiere de un cambio definitivo en la acción vibratoria de la conciencia del chela, y esto sólo puede lograrse mediante una selección cuidadosa del material y sustancia a la cual se dirigen los sentidos y sobre el que se hace actuar la energía de vida a través de la contemplación.

Todas las personas son afectadas por la música, y en algún grado por el color, el perfume, los cuadros y las palabras —escritas o habladas. Los chelas no entienden plenamente qué tremenda oportunidad está siempre a la mano en el material constructivo ahora manifestándose en el mundo físico para acelerar la frecuencia de vibración en sus conciencias individuales, de tal forma que puedan sincronizarse con el Pensamiento Divino del Logos y hacer del chela un co-creador— no en la ceguera de la oscuridad individual, sino en la Luz del Entendimiento Espiritual que resulta sólo de la unión de la personalidad externa y la Conciencia Crística dentro de la cual Jesús entró en el estado de vigilia.

La elevación de la Conciencia descansa dentro de su libre albedrío

La elevación (o disminución) de la acción vibratoria de la conciencia bajo el control consciente del libre albedrío, es la Maestría y la Liberación para la corriente de vida que logra esa Victoria personal.

Lo que la humanidad hace todos los días involuntariamente puede ser hecho por cada corriente de vida a voluntad si la perseverancia y la determinación están presentes. No hay hombre, mujer o niño, encarnado o desencarnado, que no haya cambiado, y que no cambie a través de la acción vibratoria en un período de ocho horas, el estado de conciencia y la acción vibratoria de las ondas de energía que pasan a través de él más de cientos de veces por medio de estímulos internos y externos, pero en su mayor parte, los individuos no tienen control sobre los diversos estados de conciencia dentro de los cuales ellos entran —lanzados de un estado a otro al pasar por el 'maya' de la vida diaria.

Cada estado de conciencia dentro del cual la corriente de vida entra llena inmediatamente al ser entero y al mundo del individuo con sus experiencias, y el individuo vive durante ese período en ese mundo o reino —en ningún otro. Aunque la humanidad viaja a través de la Tierra más o menos hombro a hombro, ustedes difícilmente pueden alguna vez encontrar dos corrientes de vida que viajen constante y consecutivamente ocho horas al día en el mismo estado de conciencia. Debido a este cambio continuo, algunas veces impactando en sucesión rápida, las gentes de la raza están en una condición de tensión y altamente nerviosas, y ya que se mueven juntos en una familia, negocio, escuela o un cuerpo comunal, todos están funcionando en diferentes estados de conciencia un momento tras otro y no están consecutivamente en la misma esfera, ésto causa confusión además de la intolerancia en la mente externa.

Sin embargo para el individuo que está tratando de encontrar la Verdad, el primer paso es tratar y mantener, sin perturbar tanto como sea posible, una acción vibratoria estable la cual mantendrá al alma en más o menos el mismo estado de conciencia receptivo a las vibraciones superiores a través de la mayor parte de las horas del dormir y las de vigilia. Es mucho más fácil para el alma aprender cuando ésta no está constantemente forzada a someterse a vibraciones de diferentes longitudes de onda correspondiente a cambios en el pensamiento y el sentimiento.

Si ustedes tratan de establecer una acción vibratoria a través de la música y la lectura, y controlan el pensamiento y el sentimiento —manteniendo un nivel uniforme, se encontrarán a sí mismos llegando a estar más y más cerca de la conciencia Crística— que es la Paz Eterna.

El logro de la Conciencia Maestra Ascendida

El logro del funcionamiento en la Conciencia Crística o Maestra Ascendida es la meta hacia la cual tanto el Maestro como el chela trabajan en la evolución de los centros creadores que pueden convertirse en facetas para la Voluntad Divina del Espíritu de Dios en progreso, que surge con intensidad siempre, creciente desde el Corazón Central de la Creación hasta la periférica del Universo formado.

En el Sendero de acuerdo a los resultados, la realización, la iluminación, el desarrollo y el despertar llegan al individuo (verdaderamente) desde dentro de él mismo, y gradualmente tanto la naturaleza como la manifestación, cambian para expresar la Verdad que ha llegado a ser parte de la conciencia en evolución. El proceso mediante el cual tal iluminación cabalga dentro del alma, y como el Sol se levanta en la mañana, disipa la oscuridad y la confusión de la noche, varía según la naturaleza, entrenamiento y medio ambiente del neófito.

Me gustaría traerles a su atención la tremenda asistencia que puede ser ofrecida al chela en evolución en la presencia de un Maestro Ascendido o Inteligencia Cósmica, que como la Luz de un foco en un salón oscuro, conduce o transmuta la vibración de la luz siempre presente en una radiación que puede ser aceptada y disfrutada por los que habitan allí.

Los individuos que pasan a través de una fase de aceptación del Dios Omnisciente presente y eterno, lo cual es similar a la Luz siempre presente en la atmósfera, algunas veces repudian la necesidad, o el privilegio quizás, de la asistencia de los Focos concentrados de Santidad que representan las Super Inteligencias. Ellos están en la misma posición que los individuos en el salón oscuro quienes aceptan que la electricidad está siempre presente en el aire mismo, pero que sin embargo no usan el medio de la corriente eléctrica y el bombillo para recibir, enfocar, localizar y bendecirse con su presencia.

Así como la fuerza, el coraje, la fe y la cooperación física real de un ser no ascendido puede duplicar o triplicar la capacidad de un individuo para lograr una manifestación dada, así también, exactamente, de igual forma, mucho más y poderosamente puede la Presencia Maestra enfocarse a través de los Corazones Divinos individuales no solamente para acelerar el propio Desarrollo Cristiano de ellos, sino también sus manifestaciones.

Después que se centren dentro de su propia Divinidad, podrán realmente SENTIR la Conciencia expandida, la Radiación, la Capacidad y el Poder que fluye, no sólo hacia dentro de su ser Espiritual sino también físico cuando logran contacto con cualquier Amado Amigo de los Reinos Celestiales. De acuerdo a sus necesidades y algunas veces según sus motivos y acciones, estos Seres se acercan a ustedes. Algunas veces Ellos son la presión detrás de la acción, y algunas veces el requerimiento es el magneto que los atrae, pero en cualquier caso tal Combinación Cósmica de Conciencias no sólo se recomienda, sino que es animada altamente a través de la personalidad, y no sólo acelerará su propia conciencia sino que gradualmente incrementará la velocidad del viaje del alma de Ustedes hacia la Iluminación final.

La Comunión con los Santos

La Conciencia es un estudio maravilloso porque encontramos, en el pensamiento de un momento, que un interés y una actividad debe ser generada dentro de la corriente de vida antes que pueda participar en cualquier forma en particular de cualquier Foco de Conciencia en este Universo. Es un maravilloso y profundo estudio para darse cuenta de que en este mismo momento, hay algunos incontables millones de Conciencias Individuales vivas, activas e irradiando dentro de la esfera directamente relacionada con el crecimiento y evolución de la humanidad —que en su mayor parte, hombre individual, está consciente de una parte infinitesimal de la conciencia de aquellas almas encarnadas quienes conforman sus compañeros de viaje, y que dentro de la cubierta de los libros sobre los estantes de las librerías están las conciencias de grandes hombres y mujeres que han pasado a lo largo del sendero de la vida y los cuales al menos han estado allí para que ustedes abran la cubierta y voluntariamente participen de su regalo que está dentro.

Y de este modo en asociaciones, negocios y placeres, los individuos se mueven codo a codo a través de una vida entera, quizás y rara vez entran dentro de la conciencia de algún otro —excepto donde el amor y el interés sincero estimula sus corrientes de vida hacia más que un esfuerzo ordinario y abren la puerta de ese reino de la conciencia para que los amigos compartan todo lo que no es frecuente compartir.

Entonces piensen adicionalmente, que en este mismo momento hay Seres —totalmente Perfectos— en cantidades, y que Sus Conciencias están tan vivas y tan accesibles como la conciencia de cualquier gran autor — requiriendo, sin embargo, un interés consciente individual que forma el estímulo para la actividad mediante la cual la mente se abra a la influencia y sorba de la mesa.

Los individuos llegan a un punto donde adquieren un conocimiento de los Maestros, la Causa Universal, y luego viene el paso que les separa de una vez de los buscadores y entran dentro del grupo de los electos quienes ya han ENCONTRADO cuando el amor y la admiración de los Maestros y la devoción y el deber son trasplantados por un cálido interés en la Naturaleza (la Conciencia de esos Seres), éste es el paso hacia el entendimiento de Dios.

Muchas Fe religiosas rechazan la mediación de los 'santos', escogen, con su conciencia finita y limitada penetrar hacia dentro del Corazón de la Primera Causa Universal, interpretarla y hacerla suya propia. Esto es similar al infante que intenta ascender a un edificio alto — rechazando usar el ascensor o las escaleras.

Los Maestros, los Santos. Aquellos Quienes Son llamados los Intercesores, son Seres —gente, pueden decir— Quienes han estado interesados en Dios y Quienes han absorbido y hecho Suyo propio mucho de la Naturaleza, el Propósito, y la Visión que Ellos, a su vez, recibieron de Aquellos más adelantados en la escala evolutiva, y el aspirante sabio es aquel que está deseoso de absorber la Naturaleza de Dios desde estos Hermanos y Hermanas más avanzados —sabiendo que él no está siendo desviado sencillamente al seguir el curso natural de la evolución— cuidando de no amar al Individuo, excepto de forma amistosa, pero mirando la Naturaleza de Dios encarnada en tal Ser, haciéndola suya propia y participando de la sustancia que el Instructor, a través de los años y centurias de servicio previo, ha absorbido idénticamente mediante el mismo proceso.

Ahora bien. Yo estoy esperando el día en que el interés profundo de sus corazones ansiosamente explore Mi Conciencia. Oh, no por curiosidad, sino a través de un interés amorosamente inteligente en Mi Propósito, de hacerla suya propia y así atraerles más cerca hacia AQUEL hacia Quien Mi Cara siempre se vuelca y Quien, es Mi oración constante, que el interés profundo de sus corazones ansiosamente explore Mi Conciencia. Oh, no por curiosidad, sino a través de un interés amorosamente inteligente en Mi Propósito, de hacerla suya propia y así atraerles más cerca hacia AQUEL hacia Quien Mi Cara siempre se vuelca y Quien, es Mi oración constante, que pueda representarlo de una manera tan fiel y perfecta como Mi Naturaleza y capacidades Me lo permitan.

La Conciencia es el Centro Creador

La conciencia es el centro creador desde donde toda forma y toda exteriorización manifiesta resulta. Cada vida dotada con conciencia debe experimentar dentro de sí misma el control y la maestría de los procesos del pensamiento y sentimiento que forman los centros creadores en este Reino de Causación.

Todo lo de la evolución experimentada en una encarnación y existencia está diseñada principalmente para que el ser individualizado de un esquema en particular pueda crear y tener sostenida como su posesión permanente una Conciencia de Luz vitalizada capaz de existir de acuerdo al diseño y el deseo de tal ser.

De vida en vida, desde el nacimiento hasta la muerte, no hay más que una posesión permanente de una corriente de vida, y esa es la CONCIENCIA que él ha desarrollado —tejiendo sus hilos dentro de su ser con cada aliento que él respira. Aún en los estados cósmicos y ascendidos, todo lo que Nosotros tenemos en Nuestra propia Conciencia, sin periferia en cuanto a la oportunidad se refiere, para expandir, desarrollar y madurar, y a través de ésta —Nuestra Conciencia— y a través de ella sola, es que podemos y hacemos el servicio a la Vida. Nuestros regalos para cualquier miembro de la raza humana inclinada a volcar su atención hacia nosotros, consiste en dar de la sustancia y Naturaleza de Nuestra propia Conciencia y experiencia, compartiendo de ese modo libremente Nuestra herencia de centurias con aquellos quienes aspiran al desarrollo de una conciencia que les capacitaría para existir y estar en un reino superior a la efluvia exteriorizada de los centros creativos no desarrollados de las masas.

Toda instrucción, toda radiación, toda impresión desde el Guru hacia el discípulo son para enriquecer, disciplinar, expandir y acelerar su evolución, y para desarrollar y madurar los instrumentos de creación que el discípulo está desarrollando a través de la experiencia de la vida, y si un hombre en el curso de sus setenta años, surge en el final de su encarnación con una conciencia más rica, él no ha vivido en vano.

El contacto y la asociación con las Mentes Superiores, y el sentimiento puro de los Seres Celestiales debería ser causa de gran regocijo, porque el contacto con una Conciencia Superior debe, necesariamente, impregnar al ser expuesto con un cierto mayor contagio del despertar Divino.

La Esfera de Actividad Individual del Hombre

El reino de la Conciencia es la esfera de actividad individual propia de cada hombre que perdura más allá de los reinos del nacer y morir, y persiste aún dentro de su emancipación Cósmica externa y la Ascensión. Es la órbita en la cual él tiene su ser, y forma la individualización de su foco particular en el Universo.

Cuando cualquier corriente de vida desea convertirse en una fuerza potente, poderosa y progresiva para el Bien en el gran Esquema Cósmico de la Evolución, él debe conscientemente unir el reino y la esfera de su conciencia con el Reino de la Ideación Cósmica, a fin de que pueda ser traducido y transferido hacia dentro de su personalidad externa e intelectual, suficiente del Plan Divino para que él pueda convertirse en un cotrabajador consciente e inteligente en su cumplimiento.

El gran Plan Divino para el planeta Tierra y este Universo es tan múltiple en su expresión gloriosa que, aunque cada hijo e hija de la Tierra aplicara ante la Ley Universal por suficiente de esa conciencia para llenar cada hora de su estado de vigilia con la manifestación del Reino de Dios, y aunque cada hombre, mujer y niño estuviera lleno, rebosado de las Ideas que tomarían todo el curso de una vida para desarrollarlas, ellos escasamente tocarían el invisible pero potente Diseño que está esperando completarse a través de la puerta abierta de la humanidad para la cual ese Diseño está dedicado.

Si cada corriente de vida en el planeta se identificara con la Voluntad Cósmica con la intensidad y propósito del Maestro Jesús, y viviera en la forma y naturaleza tan perfecta y poderosamente como Él lo hizo, esto aún sería no más que el comienzo más insignificante en el desarrollo del Diseño preparado y potente que busca la expresión a través de las personalidades externas de los hombres.

Así que no hay límite en cuanto puede percibir cualquiera del Diseño Divino y percibiendo con la Sabiduría manifiesta; tampoco el crecimiento de ninguno puede ser entorpecido por cualquiera otra parte de la vida, porque cuanto más del Reino de Dios sea transferido hacia la Tierra, tanto más hay aún por venir.

Abran sus conciencias libremente a la instalación del Gran Panorama Cósmico y traten de sostener tan claramente como sea posible el logro para la realización de esa conciencia a medida que se manifieste a través de su propia identidad en particular.

Algunos individuos tienen mayor capacidad para sentir que otros

Los pensamientos y sentimientos son los instrumentos mediante los cuales la conciencia le da forma y vida a las ideas, debemos comprender que los individuos que están naturalmente dotados con una fuerte capacidad para sentir encontrarán que la conciencia es limitada a exteriorizar más rápidamente eso con lo que se entretiene en su reino de causación. Así como los suelos varían grandemente en su capacidad de nutrir y exteriorizar el crecimiento de la Naturaleza, asimismo las

diversas conciencias de la humanidad varían tremenda-
mente, tanto en su capacidad para exteriorizar y nutrir
las ideas como ser la velocidad con la cual se logra tal
crecimiento.

En los terrenos donde hay más luz, más color, la
vegetación no sólo es más grande, más abundante, y más
rápida en su exteriorización, sino que esto origina en
mayor escala, la belleza de las orquídeas, así como el
veneno de las criaturas perniciosas de la Naturaleza que
son fatales para el hombre y también para la vida
animal. Así que cuando los individuos entran a la Luz,
diremos (para usar la frase de la hora) que no sólo los
poderes naturales del pensamiento y sentimiento sino la
Luz concentrada atraída dentro de la conciencia hace
que estos centros creadores del estudiante sean fuerzas
mucho más potentes y que la exteriorización que sigue al
entrenamiento de cualquier cosa en la conciencia, sea
mucho más rápida que aquella en los reinos de los que
están entre los durmientes.

Una y otra vez, Saint Germain, ha aconsejado a Sus
estudiantes estar alerta, mucho más allá de toda medida
en cuanto a lo que se permita entrar en la conciencia,
debido al tremendo proceso de incubación que está vivo
en todos los buscadores que están dentro del reino de la
iniciación desde donde ellos darán el paso para ser
Maestros de la conciencia y la forma.

Aparte de la atmósfera particular de Luz inten-
sificada en la cual la conciencia de un estudiante está
constantemente inmersa, hay influencias estacionales y
el flujo de la vida de la Primavera no sólo afecta al cuerpo físico del hombre, sino también mayormente y en
forma acentuada, a los centros creadores en el reino de
la conciencia. Por lo tanto, es un momento en que es
bueno sembrar pensamientos de abundancia y de paz, de
salud y de bienestar, porque ellos echarán raíces y

tomarán forma con la fuerza y velocidad adicional en esta estación.

El Ocultista les dirá que la estación mensual para plantar semillas corresponde al nacimiento y desarrollo de una nueva luna pero ellos en su mayor parte no tienen delineado el proceso hacia dentro del reino de la precipitación. Si un hombre fuera a diseñar un plan y patrón en el cuarto creciente de la luna, no sólo tendría el poder de su propia luz, sino la presión en su conciencia de ese impulso que acentúa los centros creativos del pensamiento y sentimiento. El período de crecimiento se extiende hasta la luna llena completa y esa es la razón, el porqué en el momento de Luna llena, todos los poderes de la conciencia están en su mayor actividad y son más poderosamente sentidos como una presión para el bien o el mal en la corriente de vida.

En el cuarto menguante, entran nuevamente dentro del adormecimiento —obteniendo su nuevo impulso de vida a medida que ésta se eleva. Así como el agua de la Tierra y las mareas son afectadas por la atracción magnética de la luna, así también se afecta el cuerpo emocional, y los individuos que desean precipitar el dinero, la salud o la paz, si trabajan con la marea venidera, tendrán una tremenda asistencia natural para su precipitación, exactamente como el agricultor que siembra con la luna atrae dentro de la vida de las plantas ciertas corrientes y rayos benéficos que crearán y manifestarán una cosecha fuera de toda comparación con aquellos que trabajaron al azar.

La capacidad para expandir y alimentar la Conciencia

La conciencia del hombre es en cierto modo, como la Tierra en Primavera. Tiene el poder de impartir la vida a cualquier semilla que sea esparcida sobre sus entrañas por el hombre, el pájaro, el viento, o por cualquiera de los mensajeros de la Naturaleza. La tierra no discrimina, notarán, sino que simplemente cumple su Propósito Divino al proveer el sustento y el alimento, mediante el cual la semilla llega a tener su valor plenamente exteriorizado.

De la misma manera la conciencia del hombre tiene la capacidad para expandir y alimentar lo que ésta plantó dentro desde el reino de la ideación, sea del sembrador sabio de una cosecha que será benéfica o mediante la diseminación al azar de las semillas impuras e imperfectas. Dentro del reino de la conciencia llega una idea y la conciencia inmediatamente comienza a germinar y expandir la plenitud de esa idea. Es de ese modo que los centros creadores que forman el poder más grande de la humanidad, están constantemente alimentando eso que accidentalmente se ha sembrado en sus campos. El agricultor que trata de producir una cosecha que sea benéfica para su familia y su vecindad, es mucho más cuidadoso con lo que siembra dentro de su campo que el hombre o mujer más inteligente que acepte dentro de la conciencia a través de cualquiera de los medios de la visión, audición, etc., semillas que deben, por naturaleza de su propia conciencia, vivir y florecer en su vida porque la conciencia no puede discriminar, sino que es el Espíritu, el alma y el individuo

que es el director y creador de la conciencia quien
PUEDE, DEBE, y DESEARA algún día, comprendiendo los poderes creadores que trabajan siempre dentro
de él mismo, proteger el reino de su conciencia y poner
en movimiento UNICAMENTE aquello que cultive EL
BIEN.

La Evolución sobre los Cuatro Planos de Conciencia

Hasta que el hombre esté ascendido, su evolución
ocurrirá sobre los cuatro planos de conciencia que son el
físico, mental, emocional y etérico al mismo tiempo Él,
en su mayor parte, sólo está consciente de su evolución
física, debido a que su vida consciente está más o menos
anclada a través de su cuerpo físico, y hasta que él no
haya logrado un cierto desenvolvimiento y desarrollo, no
será capaz, a voluntad, de funcionar en cualquiera de los
otros planos.

Cada hombre utiliza su cuerpo emocional y su cuerpo mental espasmódicamente a medida que responde a
los impulsos de pensamientos y sentimientos o a las
memorias del pasado, pero él no es capaz en forma
definitiva de viajar hacia dentro del plano mental, el
plano etérico o el plano emocional —regresando con
el conocimiento consciente de lo que se le reveló allí— hasta
que haya avanzado total y materialmente sobre el sendero.

Estos cuatro planos de experiencia sobre el cual su
alma está funcionando forman el salón de clases de su
naturaleza. Algunas veces su alma estará en el grado

primario, físicamente hablando. En el etérico, según sus vidas pasadas, él puede ser un profesor, un niño, o un adolescente. En el plano mental puede estar en un punto de colegio, o escuela superior para hombres y en el plano emocional puede que no sea más que un infante.

A medida que el individuo camina a través del día llegan a él variadas experiencias; algunas de ellas son experiencias emocionales, algunas mentales, algunas etéricas — atándole a vidas pasadas—; y algunas son puramente físicas. Él reaccionará definitivamente ante cada conjunto de experiencias según su desenvolvimiento y desarrollo sobre ese plano, y un poco de contemplación de su propia naturaleza le mostrará dónde descansa la mayor de las debilidades y dónde ha alcanzado el más grande desarrollo, a medida que progresa hacia la meca de la Maestría Tal ser encontrará que la prueba más grande yace en la esfera en particular en la cual está menos desarrollado, no como castigos u obstáculos, sino como EXPERIENCIAS para elevar ese cuerpo en particular hacia dentro de un equilibrio con la parte de su naturaleza más avanzada.

Por esto, si un hombre está emocionalmente subdesarrollado, será forzado a entrar a lo largo de esa línea. Si está mentalmente estancado, la experiencia de la vida le colocará en una posición donde su cuerpo mental deba hacer más esfuerzo. Si físicamente está sin desarrollo, la experiencia de la vida le requerirá el desenvolvimiento y desarrollo de una estructura física fuerte.

Estas experiencias no deberían tornarse aburridas para el espíritu, sino que siempre deberían ser tomadas con una realización de que el Gran Instructor, al esforzarse en completar la naturaleza, está decidido a retornar al chela una y otra vez, las lecciones requeridas para el desarrollo de ese espíritu.

La relación entre el Maestro y el Chela

La relación entre el Maestro y el Chela, le da al aspirante una tremenda oportunidad para acelerar su progreso espiritual más allá de lo que él pudiera haber logrado cuando era conducido por los impulsos espasmódicos alcanzados a través de su conciencia por intuición, visión, dirección profética, o cualquiera de los medios que el Ser Superior y el Maestro pudieran emplear con efectos constructivos, a fin de estimular la conciencia hacia la perfección.

Cuando el chela es lo suficientemente afortunado de tener un puente sobre el cual puedan llegarle las direcciones específicas para acelerar el crecimiento de su alma, ya no está por más tiempo sometido a la recepción imperfecta resultante de la carencia de desarrollo o de las acumulaciones en y alrededor de su corriente de vida hasta la fecha. Sin embargo la dificultad tan a menudo encontrada por el estudiante, que previamente concibió opiniones concernientes al Sendero, se encuentra en el hecho de que el Maestro no puede y no asume las responsabilidades de la corriente de vida que ha tomado en asociación, sino que más bien le muestra a tal ser la forma y los medios a través de los cuales SU PROPIA CONCIENCIA pueda disolver los grillos y las cadenas forjados por él mismo.

La razón para esto, es que la conciencia de cada corriente de vida caminando el Sendero hacia la Perfección, continuará emitiendo los falsos problemas, limitaciones y apariencias en las cuales el ser se encuentra hasta que la fibra de su conciencia misma sea cambiada, las causas detrás y dentro de la limitación sean disueltas, y el individuo así entrenado no cree más efectos de limitaciones y aflicciones.

A través de las centurias, los Maestros han asumido una cierta responsabilidad en facilitar el sendero a los ansiosos aspirantes, pero esto temporalmente cesa, hasta que la naturaleza interna haya sido completamente elevada por encima de la posibilidad de repetir consciente o inconscientemente, las causas que continúan lanzando las apariencias humanas hacia dentro del sendero de la corriente de vida, haciéndole laborioso su regreso al hogar.

Debido a que nuestro servicio es en la iluminación y elevación de la conciencia, algunas veces nos desilusionamos ante el individuo aspirante que siente que nuestra relación y camaradería, son una garantía para un estado perpetuo del Nirvana.

Asumir y mantener la responsabilidad de sostener una conciencia de Felicidad Celestial en y alrededor de una corriente de vida, sería retardar el propio desarrollo de ese ser, porque en forma latente y dormida dentro del individuo estarían las semillas de la conciencia humana que deberían arrojar sus proyecciones cuando quiera que la protección de Felicidad Celestial (mantenida artificialmente por un Ser Ascendido) fuera retirada. Es mucho mejor, entonces, continuar haciendo actuar Nuestros Rayos de Luz dentro de la conciencia interna —instándola y entrenándola para los esfuerzos tímidos en la dirección correcta, de tal forma que con o sin el Ser Ascendido, tal ser, a través de su propia conciencia, pueda mantener un estado eterno de Felicidad, Satisfacción, Opulencia y Paz.

Para aquellos de ustedes que han desarrollado una naturaleza impetuosa, este proceso parece tedioso y algunas veces desesperanzador, pero les aseguro que en los análisis finales, este es tan sabio y con mucho de la índole y clase de amistad que cualquiera ascendido o no, les pudiese ofrecer.

Dos Conciencias están activas

Hay dos conciencias completas individuales y separadas en la experiencia de la vida de todo individuo hasta que se alcanza la Ascensión. El propósito del entrenamiento espiritual es mezclar y fusionar las dos en una. El hombre promedio y el chela promedio están activamente conscientes de la conciencia personal, porque esta conciencia externa gobierna las actividades de la vida diaria y más o menos usurpa el poder y la atención de los receptáculos del hombre.

La conciencia Divina está latente y hasta que ésta sea INVOCADA a través de la devoción intensa y el amor, no comienza a aparecer brillando a través de las vestiduras pesadas de la personalidad humana.

El proceso de mezcla de lo humano y lo Divino es referido como la evolución "espiritual". Una y otra vez, a través de las centurias, los vislumbres de la Conciencia Divina han penetrado a través de la personalidad humana, sin embargo, en la encarnación final, la Conciencia Divina DEBE CONVERTIRSE en la UNICA Presencia actuando. Por lo tanto, la personalidad humana debe, de necesidad, tener la gran tenacidad de extraer esta grandeza interna hasta que ella misma haya perdido completamente todo lo que sostiene el tiempo y la atención del ser y sus asuntos.

Los Grandes Hombres de Oriente

Los Electos del Oriente, sabían de la presencia de esta Conciencia Divina como una actividad espiritual de su propia corriente de vida dentro de la cual ellos podían entrar mediante cierta preparación y control de la acción vibratoria de sus propias almas. Estos maestros de la sabiduría podían experimentar en cuestión de unos pocos momentos el éxtasis que se halla en el Gran, Gran Silencio, y al elevar la acción vibratoria de sus almas, entraban dentro de este poderoso y pulsante río de Fuerza que denominaban Samadhi. Aquí no estaban inconscientes sino totalmente vivos y atrayendo dentro de la naturaleza más profunda de sus seres, la Luz, la Paz, la Belleza, y la Armonía que fluye en movimiento constante a través de este Reino de la Felicidad Eterna.

Lo que ellos han logrado cualquier aspirante puede lograr, pero primero debe convertirse en maestro de las vibraciones de su propia energía, debido a que esas vibraciones son el poder de la levitación de su alma.

Así como el piloto debe tener un control completo de todas las palancas y mecanismos de su avión para asegurar un vuelo constante y estable, así también debe el aspirante ser la presencia maestra de su propia energía a fin de asegurar el mantenimiento de la acción vibratoria requerida para sostener su conciencia dentro del Gran Silencio dentro del Río de la Felicidad o la Paz, de la Alegría o la Opulencia hasta que él, a voluntad, escoja regresar a la acción vibratoria del plano Tridimensional para completar el Plan Divino de su corriente de vida.

La mayoría de los hombres de Occidente permiten que el control de su energía esté a la disposición de cualquier fuerza externa, y ellos están como el piloto que permite que su avión sea constantemente impedido en su vuelo por el reino de los espíritus traviesos. Si ustedes determinan entrar al Reino de la Paz, la Felicidad, la Pureza, la Opulencia, la Fuerza, o la Salud, deben, en lo mejor de su habilidad personal, borrar de sus conciencias las vibraciones que son opuestas a la radiación positiva de su cualidad, estado o esfera dentro de la cual desean entrar.

Las vibraciones del miedo, la depresión, etc., deben ser eliminadas, y ustedes deben generar y emitir, tanto como sea posible, una vibración similar a la Virtud Cósmica a la cual aspiran, luego no deben permitir que el mundo externo introduzca a través de las circunstancias, la depresión, la agitación, el disgusto y así sucesivamente cualquier presión que pueda cambiar la vibración de su energía desde la que han establecido precedente y conscientemente su unión. Ese es el por qué el tiempo que se esté completamente imperturbado por la vibración constante de la mente externa, es esencial para esta práctica.

Cuando su acción vibratoria es así establecida y mantenida, la Conciencia Cósmica puede entonces pulsar positivamente, y esto incrementará grandemente su habilidad para mantener y sostener esta radiación positiva a través de períodos de tiempo cada vez más y más largos.

Protejan las puertas de su Conciencia

Ustedes pueden decir que la conciencia de un hombre es como un edificio grande y nuevo dado en custodia a su alma, inmaculado. El libre albedrío del alma, determina qué tipo de material, mueble y especie humana será admitida dentro de este bello edificio. Lo que el alma permita que pase a través de las puertas (centros), con eso debe vivir, porque el alma está predestinada a vivir dentro de este edificio.

El alma descuidada no provee una protección y permite al tráfico que pasa por el camino, que entre y habite, y luego es infeliz en la discordia personalizada de los habitantes de su exquisito templo.

El alma sabia, conociendo que debe vivir dentro de este edificio, está constante y conscientemente informada de todo aquel quién aplique para obtener la entrada a través de los medios de su visión, audición y la naturaleza del sentimiento, además de las facultades internas de la contemplación y la meditación. A través de tal discriminación sabia, el ser escoge sus propios visitantes, y su edificio y conciencia moran como un lugar de Paz y Gloria para el Señor y, escoge un medio ambiente adecuado en el cual individualmente pueda desarrollar su propia naturaleza superior en preparación para su Ascensión.

Por lo tanto, vigilen que las puertas de sus conciencias estén siempre bien protegidas por su propio Ser Superior, y donde las hayan abierto y admitido la imperfección, reordenen su vida desechando mediante y a través del uso del Fuego Sagrado, a estos intrusos desagradables y no bienvenidos.

Un hombre no puede ser perturbado excepto por eso que él permite que entre en su mundo a través de su conciencia, y sin embargo la conciencia es la menos protegida de todas sus posesiones.

La Llama Dorada de la Conciencia

En este grande y bello universo, hay poderosas corrientes universales acelerándose como ríos de Llama Dorada que son representativas de la conciencia de la Paz, la Opulencia, el Bienestar, la Armonía, la Pureza, el Amor y la Luz. Estos Ríos de Fuerza fluyen a través y alrededor del planeta Tierra desde los corazones de los grandes Seres Divinos individualizados a quienes las Leyes Ocultistas les refiere como las Virtudes, y que han sido presentados a través de las avenidas de los canales dedicados a servir a la Jerarquía Espiritual por el nombre de la Radiación que Ellos llevan, tales como la Diosa de la Paz, la Pureza, el Amor y así sucesivamente.

Cada individuo que se convierte en Maestro de la Energía de su propia corriente de vida, entra dentro de esta gran vibración que es representativa de las Cualidades Cósmicas que él ha desarrollado e individualizado a través del esfuerzo auto-consciente. En el instante que se convierte en maestro del elemento de la Paz, no podrá ser perturbado por más tiempo desde dentro o fuera, su alma es tomada, por así decir, por este gran Río de Paz Cósmica y él se convierte en una faceta más de ese río, añadiéndole la presión de su propia vida al Flujo Cósmico. Lo mismo es verdad para la Pureza, la Opulencia, etc. La entrada al Flujo Cósmico llega cuando el individuo se ha convertido en maestro del flujo individual de energía a través de su propia corriente de vida. Entonces se convierte en parte de la Conciencia Cósmica, y mientras retiene su propia identidad, SIENTE el torrente Cósmico de estas Cualidades Divinas con tal expansión y conciencia como la mente humana no lo puede percibir.

Sin embargo, un individuo que sea serio en su determinación por alcanzar la maestría, puede sincronizarse con estos Ríos de Fuerza y bañar su alma en su luz al elevar su conciencia hacia La Virtud que él está deseoso de expresar. A medida que su atención es sostenida en la contemplación pronunciada mediante el control de sus facultades externas, él puede entrar dentro de esta poderosa Corriente y probar su Radiación Cósmica que le hará sediento y hambriento para su logro mayor, pero que también le hará participar de su Radiación que se convertirá en parte de él mismo. Es valerse momentáneamente de cada esfuerzo subsiguiente para elevar y luego sostener esa conciencia elevada, hará que ese logro sea mucho más fácil.

Si el estudiante recordara que permitiendo a cualquier fuerza externa que cambie la acción vibratoria de su conciencia está apartándose de ese Río Cósmico de la Cualidad hacia la cual aspira llegar a estar más alerta en sostener su equilibrio imperturbable en medio de las confusiones externas.

El Hombre determina su estado de Conciencia

Las cosas en las cuales nosotros pensamos durante las horas de vigilia, y la forma como sentimos acerca de la vida y de nuestros amigos, asociaciones y experiencias, determinan nuestro estado de conciencia. Lo que permitamos que sobre nuestras mentes more durante el tiempo que nuestros cuerpos físicos están ocupados en las tareas del diario vivir, realmente expresará nuestra elección de asociación.

Estas formas de pensamiento y sentimiento atraen hacia nosotros experiencias similares a ellas, igual como en el mundo externo, los perros atraen perros, los gatos atraen los gatos, los niños atraen los niños, y los hombres y mujeres jóvenes gravitan hacia aquellos de sus propios intereses y edades. Así hacen las formas pensamiento de la enfermedad o la salud, la depresión o la opulencia que atraen invisibles pero potentes asociados desde el mundo externo que establecen su residencia y viven dentro del mundo de experiencia del hombre.

Por lo tanto una de las cosas más peligrosas es entretener o invitar a algún pensamiento o sentimiento de depresión, pobreza, temor, etc., porque a través de ellos, atraemos muchas, muchas formas transitorias de la misma acción vibratoria, y al igual que los mariscos se establecen sobre el lado de un bote, uno por uno, así hacen estas formas de pensamientos y sentimientos que se incrementan dentro de la conciencia hasta que forman un peso pesado que hunde a la corriente de vida dentro de la expresión externa de temor interno.

Es la vieja historia de aquella manzana podrida en el barril, y esta es la actividad más desafortunada que llegó a ser un gran impedimento para el progreso de la gente seria, cuyas almas son puras, y cuya naturaleza está limpia, pero no comprendiendo la necesidad de controlar la conciencia a través del rechazo y repudio de los malos pensamientos y sentimientos, llegan a estar abrumados por la depresión y la imperfección que no son de su propia creación, pero que fluyen sin ser clamada a través de la masa de la mente y son absorbidas por cualquier corriente de vida que entretiene una vibración similar aunque sea por un instante.

Estas formas de pensamientos y sentimientos no reclamadas de pobreza, enfermedad, depresión, agotamiento, etc., son el fruto de las mentes y sentimientos de la raza, y han sido descargados por muchas centurias. Algunas veces se aferran a la corriente de vida que las ha generado, y ellas permanecen en la atmósfera inferior de la Tierra. Cuando los individuos hacen la transición al final de su encarnación, estas formas pensamientos están sin dueños y sin reclamar, en su mayor parte y como en todas partes del espacio lo similar atrae a lo similar, cuando ellas encuentran una vibración similar a la suya, se agrupan allí y es esta la sustancia a la que Nosotros nos referimos como efluvia psíquica y astral en la que la humanidad se mueve y en la cual ellos son constantemente víctimas.

Las virtudes de Dios están constantemente fluyendo alrededor de nosotros

En el reino invisible que fluye constantemente a través y alrededor de las almas de los hombres, están todas las virtudes que el ser externo tanto desea, a fin de expresar el cumplimiento de su destino.

Al igual que hay todo el aire que se requiere para sostener la vida en los pulmones de cada persona, animal y planta sobre este planeta; como hay toda el agua que se requiere para purificar la sustancia del mundo físico; como hay todo el sol que se requiere para iluminar cada hogar y cada corazón; y suficiente tierra para sostener el peso de todos los cuerpos y edificaciones, y para producir el suministro requerido para el alimento de la gente; así también hay toda la Felicidad, la Paz, la Salud, y la Opulencia requerida para cada corriente de vida que está en encarnación y para todas las que están aún por venir. Al igual que Dios no proveyó un planeta demasiado pequeño para sostener el peso de la humanidad de la Tierra, Dios no proporcionó un Universo demasiado pequeño para el abundante suministro de la Paz, la Salud, la Opulencia, la iluminación, la Pureza y la Luz para la humanidad en evolución.

El hombre, sin embargo, a través del libre albedrío, puede atraer tanto o tan poco de ese Suministro Universal como él escoja. Desde los corazones de los Grandes Seres alrededor del Sol; desde los Elohims, los Señores Solares y las Virtudes, fluyen corrientes constantes que representan Su Sustancia, Radiación y Paz. Cualquier ser no ascendido, al volcar su atención hacia estos Seres o la Virtud que Ellos representan, puede entrar dentro de esta Corriente a voluntad, y bañarse con el Amor, la Belleza, la Pureza o la Paz de este flujo Cósmico; y encontrar su conciencia individual grandemente elevada en su viaje hacia la Perfección.

Inviten a estas corrientes a través de la contemplación, lo mismo que el ser externo ha invitado, con éxito, a muchas corrientes de un elemento perturbador que ha limitado el crecimiento del alma en el pasado.

Lo similar atrae lo similar

Lo similar atrae lo similar a través de todo el Universo. El mundo externo ha usado la expresión de que el dinero produce dinero y que el éxito produce éxito y esto es verdadero debido a que la acción vibratoria emitida desde la corriente de vida que tiene éxito o es opulentamente suplida, está llena con la certidumbre de lo POSITIVO. Esa vibración pasa a través de la corriente de vida y eleva la conciencia hacia dentro de la correspondiente Radiación Cósmica del éxito, la prosperidad y el bienestar.

Los canales metafísicos solían decir que el optimismo era un poderoso magneto de atracción, y ellos expresaron una verdad en esa afirmación que Saint Germain reitera al afirmar que la expectación y la anticipación del Bien se convierte en una fuerza poderosa para atraer la Sustancia Universal hacia dentro de la manifestación.

Los grandes Ríos Cósmicos de Fuerza que circulan desde los corazones y las Conciencias de los Seres Divinos que gobiernan el Universo, son libres de acceso para cualquier corriente de vida LO SUFICIENTE-MENTE DETERMINADA Y CON IDENTICA PRECISION para mantener el control consciente de su propia energía a despecho de la presión de la sugestión del mundo exterior. La corriente de vida valiente, deseosa de experimentar con las Corrientes Cósmicas de la Opulencia, la Salud, la Paz, o la Pureza, que ajuste el termostato de su propia naturaleza de sentimiento y los procesos naturales dentro de la emanación de la Virtud Cósmica hacia la cual él aspira, y que pueda en la contemplación imperturbable, sostener la acción vibratoria de su ser individual sobre esa corriente positiva, no solamente hallará la prueba en su propia ex-periencia, sino que se convertirá en una faceta para el dispensador de las Bendiciones de esas corrientes Cósmicas hacia dentro de las conciencias menos poderosas de aquellos que le rodean.

Los hombres de la Iglesia Cristiana que lograron la realización del ejemplo de Jesús que curaron en el Nombre del Cristo, fueron aquellos que adecuaron su naturaleza dentro de la acción vibratoria de su Maestro, exactamente a través de un gran esfuerzo de control humano, hasta que sus vibraciones se correspondieran con la vibración del Maestro y Su Naturaleza pudiese conectarse con la de ellos a través de la compatibilidad de la vibración.

La Conciencia Maestra Ascendida

Así como un niño no puede concebir la presencia de las complicaciones de la astronomía y las ciencias, a pesar de que el pleno entendimiento está presente y es asimilado por muchas corrientes de vida encarnadas al mismo tiempo que el infante, así también el hombre promedio no puede concebir la presencia de la ciencia sobrenatural de la Conciencia Maestra Ascendida, que está igualmente presente y es disfrutada por muchas corrientes de vida en común.

El estudiante aspirante y el chela sobre el Sendero deben darse cuenta que su conciencia está un tanto sin desarrollar como la del infante, pero que mediante la aspiración y la aplicación, él puede abrir la copa de su conciencia a este poderoso y siempre presente flujo en el AHORA —eso que la humanidad en general experimentará en el futuro.

Por lo tanto, si la Conciencia Maestra Ascendida está siempre presente, podemos ver que el estudiante nada más debe cambiar la acción vibratoria de su propia conciencia a fin de entrar dentro de este más amplio y pleno entendimiento de la vida, y experimentar todo lo que está dentro de ella en el presente. El estudiante al entrar en su período de contemplación, también debe reconocer que la contemplación hacia la cual se esfuerza está igualmente pulsando ahora en y alrededor de él, y que hay Inteligencias Vivientes dentro de esta Conciencia, disfrutando todo lo que contiene y experimentando las riquezas de la Perfección que fluyen a través de ella.

El estudiante es como el hombre que está en el sótano echando palas de carbón dentro del horno, quien también sabe que sobre el techo brilla el Sol en cuya presencia una Augusta Sociedad está ya reunida.

Tomar AHORA esta realización de la presencia de la Conciencia Maestra Ascendida, en vez de proyectar esa conciencia en el futuro, acelerará grandemente la liberación de las Facultades Superiores a través de las cuales uno puede alcanzar la unión con ellas.

Cuando deseen la Paz; cuando deseen Dinero; cuando deseen Salud, reconozcan que ESA Conciencia y Presencia ya está activa en el Universo —funcionando a través de miles de corrientes de vida— ascendidas y no ascendidas. Luego, mediante la sincronización de su propia acción vibratoria, sepan que en cuestión de segundos, tendrán acceso a la plenitud de eso que requieren, y que no necesitan gastar meses o años desarrollándose a sí mismos hasta un punto determinado donde tal ayuda y liberación lleguen a ustedes.

La experiencia de la vida forma la Conciencia

La conciencia de un hombre está compuesta de eso de lo cual él está consciente o con lo que ha estado familiarizado a través de la experiencia de la vida. El mundo externo divide la conciencia en el SUBCONS-CIENTE, en donde están contenidas las experiencias del pasado que algunas veces están profundamente sepultadas en la naturaleza; el CONSCIENTE, que comprende las experiencias del presente, y el SUPER-CONSCIENTE, o el desarrollo superior hacia lo cual el hombre se está esforzando.

El hombre promedio y el estudiante están constantemente ensanchando su esfera de conocimiento consciente desde el momento del nacimiento, durante todos los años subsiguientes, hasta el final de esa encarnación. Un niño de dos años no tiene la conciencia de un hombre maduro y las experiencias, educación e instrucción de la niñez le hacen consciente de lo que está en el Universo, mucho más que lo que su mente infante podría comprender.

Para ilustración, llevemos a un individuo al pie de una gran montaña. Él está consciente, a través de los medios de sus facultades de la visión y audición, de lo que le rodea —del saliente desde el cual se pudiese comenzar a escalar; de sus compañeros de viaje; de la llanura, los arbustos y así sucesivamente. Si este es su viaje inicial o ascenso. Pudo haber arraigado dentro de su conciencia un cuadro vago de la cima a través de descripciones dadas por otros, mediante fotografías, etc., pero a pesar de que en el tope de la montaña, el escenario que le rodea, los picos nevados están brillando en el Sol ahora realmente en el presente, para él éstos son puntos de vista o una conciencia hacia dentro de la cual puede entrar sólo a través del esfuerzo. Una vez que él haya escalado la montaña mediante la energía de su propia vida, esa experiencia grabará la plenitud de la belleza que está en la cima y esa conciencia será suya para siempre.

Ahora verán que muchos hombres y mujeres nunca harán esa escalada y para ellos la conciencia de la cima de la montaña siempre será una super conciencia —una de la cual ellos no estarán conscientes excepto por relatos, descripciones o fotografías de otros.

Es exactamente lo mismo con lo humano y la Conciencia Maestra Ascendida. La Conciencia Maestra Ascendida como el pico de la montaña, está siempre presente. La masa de la humanidad vive debajo de ella, pocos oyen de ella a través de la descripción, la alegoría, etc., pero a fin de que la hagan suya propia, debe tomar lugar el ascenso por medio de la energía de su propia CORRIENTE DE VIDA, y una vez que hayan logrado esa cumbre de la maestría, a pesar de que regresen otra vez a los asuntos del mundo externo, eso es parte de su naturaleza y experiencia que nadie puede borrar.

Nadie puede tomar de un hombre, ascendido o no ascendido ninguna experiencia que ensanche la conciencia, sea ésta una bella vista exquisita en la Catedral de la Naturaleza, o la entrada del alma a los Reinos del Espíritu, porque la conciencia es sólo propiedad de cada corriente de vida individual y es una actividad que no puede ser robada o destruida. Por lo tanto lo que el hombre construye en su conciencia mediante la contemplación y el esfuerzo es suyo para la Eternidad.

El regalo divino de la Conciencia

Nadie en este Universo puede ir a ningún lugar excepto a través del medio de su propia conciencia. Nadie puede experimentar ninguna alegría excepto a través de esa conciencia. Toda la Belleza, la Felicidad, el Amor y el Aprendizaje requiere de una conciencia individual a fin de convertirse en una parte animada de la jornada de la vida. Haber sido dotado por Dios con una conciencia es haber sido dotado con la Vida y la capacidad de disfrutar, expandir y crear.

Lo que pasa a través del Universo mientras el individuo está dormido o inconsciente no existe para él, y el más grande éxtasis personal sólo puede ser incorporado dentro de la vida debido a que el individuo esté consciente de su actividad en el momento. Por ejemplo una gloriosa salida de sol puede elevar a un alma despierta hasta una altura espiritual mientras que para millones de corrientes de vida adormecidas la salida del sol ni existió ni les estimuló, ni quedará como una parte viviente de su experiencia de la vida.

En consecuencia, vemos que en la facultad dotada por Dios de la vida consciente, tenemos la capacidad de disfrutar y sostener cada actividad que experimentamos, y esa conciencia alerta, despierta, es un requisito a fin de beneficiar al ser de la gloria siempre presente, provista para la vida de este Sistema.

El instrumento del Ser

Dándose cuenta de la Conciencia como el Instrumento del Ser, como el conductor del Individuo a través del espacio, y como el recipiente de la Iluminación de Dios, podemos comenzar a entender la necesidad de la purificación, elevación y perfeccionamiento de eso que llamamos nuestro foco individual de vida consciente. Continuar e invocar las corrientes de la Conciencia Divina Maestra Ascendida a través de ustedes mismos, es invitar a las más grandes corrientes purificadoras de la curación provistas para este Esquema Universal, y acelerar grandemente el crecimiento del alma, no solamente la de ustedes, sino la de su prójimo. Llamen con frecuencia para que ellos sean despertados y receptivos al Panorama Cósmico y para que sus conciencias acepten y hagan parte de sí misma este flujo Cósmico al igual que los adoradores del sol hacen de la salida del sol una parte eterna de su devoción y amor para con la Belleza.

Los tesoros en los Cielos

La conciencia de cada Llama de Dios individualizada es realmente la única actividad que puede ser llamada personal, y que perdura según la elección del libre albedrío desde la eternidad hasta la eternidad. Por lo tanto, lo que el hombre construye dentro, lo que acepta, entretiene o retiene en la conciencia, determina la riqueza o pobreza de la corriente de vida. Cuando el Maestro Jesús dio la admonición de guardar los tesoros en los Reinos de los Cielos antes que en la sustancia material de la vida temporal, Él dio a entender (el pensamiento) de que el desarrollo de la conciencia espiritual es, en realidad, el único uso de la Energía de la Vida que vale la pena. Como la conciencia del hombre va con él desde el nacimiento hasta el momento de su transición a través del velo hacia dentro de los Reinos invisibles —viviendo con él y alrededor de él, cuando llega de nuevo dentro del mundo físico, podemos ver que el individuo sabio y prudente determinará construir y desarrollar su conciencia y colocará en un lugar secundario a las actividades temporales de la vida Terrena para seguir la vida en el Reino Celestial —en preparación para su próxima estadía sobre la Tierra.

La experiencia de la vida del alma es tan importante sólo como lo es el desarrollo de la conciencia que resulta de allí. Cuando el hombre aprende respecto a su vida como el todo en vez de dividirla en pequeños fragmentos insignificantes interseccionados, atados, mediante los nudos temporales del nacimiento y la muerte, colocará el peso y la fuerza de sus energías de vida sobre el desarrollo de la Conciencia Espiritual o Maestra Ascendida, y empleará todas sus energías (donde quiera que pueda estar su morada temporal) para el desenvolvimiento de su Naturaleza Superior.

Espacio y Conciencia no son sinónimos

La conciencia del hombre es la menos explorada de todos sus bienes personales, y sin embargo sólo su conciencia sobrevive con él a través del nacimiento y la tan llamada muerte. La radiación de la conciencia de un hombre varía de acuerdo al tipo de pensamiento y sentimiento que forman la experiencia general de su vida. La conciencia de toda la humanidad temporalmente es elevada mediante la oración, el servicio religioso, y diversas formas de estímulo espiritual, pero la vibración de la conciencia durante la actividad promedio de la vida diaria, forma más o menos el estado permanente de la corriente de vida. Esta vibración determina las experiencias que el individuo encontrará y también la esfera en la cual él funcione tanto en sus horas de vigilia como cuando esté durmiendo. El mundo externo usa el medio del espacio para determinar la posición de una persona, pero el medio de la conciencia es la única determinación de la posición de una corriente de vida en el Universo, debido a que dos personas pueden estar una al lado de la otra físicamente, y sin embargo una mora dentro de la Conciencia Maestra Ascendida y la otra puede funcionar en la conciencia inferior del mundo externo. Por lo tanto aunque ellos puedan seguir juntos en el plano físico, en estrecha proximidad según la dimensión de espacio, podrían tener mundos separados en la vibración de sus conciencias.

La vigilancia es el precio de la paz

El único y verdadero medio de levitación es el cambio de la acción vibratoria de la conciencia. El Maestro puede hacer esto a voluntad, el aspirante a veces experimenta el regocijo de su conciencia a través de la oración, la meditación, la devoción o la inspiración, y por momentos tal ser es privilegiado de vivir en una esfera más trascendente que lo de la usual acción vibratoria de su mundo cotidiano.

Nosotros, sin embargo, deseamos una elevación sostenida de la conciencia para todos los aspirantes sinceros. Por lo tanto, debemos entender que nuestro más leve pensamiento y sentimiento voluntario y cada actividad que sostenga nuestra atención está determinando la esfera en la cual estaremos funcionando de momento en momento. La vigilancia constante es el precio de la Paz en la cual moran cada Maestro, Angel y Presencia Divina.

Ellos permanecen dentro de esto sin permitir que su atención, Sus ojos, Sus oídos, Su sentimiento, o cualquier facultad admita una vibración que pudiese bajar Su Conciencia y automáticamente hacerles caer, por así decir, fuera del Reino de los Cielos o la Armonía. Aún los hombres y mujeres quienes desean la Paz y la Iluminación Espiritual, y que se han elevado a sí mismos, mediante gran esfuerzo, hasta que su vibración fuera armónica con el Río de la Paz que siempre fluye, dentro de la cual cualquier aspirante puede sincronizarse, permiten que el efecto externo de un simple pensamiento o sentimiento les lleve a ellos de nuevo hacia dentro de una vibración inferior en la cual funciona la gente de la masa, en donde sólo hay la discordia, la enemistad, la enfermedad y la destrucción.

Alisten sus cuerpos como estudiantes

Es difícil para la mente externa contemplar la vibración del Maestro, debido a que la conciencia humana y la Conciencia Maestra Ascendida son mundos un tanto separados, pero cuando alguien está poseído de una sinceridad y corazón determinado, puede lograr esa vibración acorde con la del Maestro a través de la interposición del propio Rayo del Maestro que, cuando se le pide, comenzará a pasar rítmicamente a través de los cuerpos internos y a entrenarlos dentro de un patrón similar que responde al Suyo propio.

El aspirante que intente expresar la naturaleza de sentimiento del Maestro El Morya o el Maestro Jesús, tendrá una barrera mental terrible, pero, si el estudiante se aproximara al Maestro honestamente, con valentía, y sin embargo con humildad, y le pidiera el Maestro mismo dirigiera sus Rayos a través de los cuerpos inferiores y enseñara al mundo de sentimientos y a los cuerpos físico, etérico y mental a vibrar acorde con Su Patrón Divino, el Maestro tomará esos cuerpos como estudiantes, lo cual es algo de lo que el mundo externo no sabe nada. Alisten sus cuerpos inferiores como estudiantes de cualquiera de los Maestros y verán que ellos serán más aptos en su asimilación y aprendizaje que lo que el ser personal ha sido durante centurias. Visualícenlos a ellos resplandecientes, con sus cabellos peinados y sus mejores vestiduras puestas, sus zapatos brillantes empezando a sentarse a los pies del Maestro; y luego visualicen la radiación bondadosa del Maestro y la instrucción fluyendo a través de ellos. Este es el tratamiento más maravilloso para la gente del Occidente, porque sus cuerpos inferiores están tan poderosamente cargados con un espíritu de independencia que la personalidad misma, cuando trata de usarlos, los encontrará muy desobedientes.

Debido a la necesidad de la declaración de la independencia de esta nación del viejo orden del Gobierno y los asuntos, individuos a cuyas corrientes de vida les fue delegada esa tarea, fueron poderosamente cargados con las Corrientes Cósmicas en la cual la independencia era la radiación integral, y este bombardeo Cósmico nacional e internacionalmente de gran beneficio, aceleró grandemente las inclinaciones humanas en los cuerpos internos e hicieron a los primeros patriotas de la Nación, particularmente los más impetuosos. Esto es parte del precio que ellos voluntariamente pagaron por abrir sus cuerpos a esta Fuerza de Instilación Cósmica porque el sentido común y la razón, sin hablar mucho de la Inteligencia Divina, mostrarían que el populacho humano nunca hubiera podido haber cambiado una Nación de un sistema de Gobierno que habrá perdurado por miles de años, excepto mediante la Presión Divina y esta presión ahora nosotros debemos balancearla por medio de la instilación de la radiación espiritual que hará su independencia en la LIBERACION y la cual les repagará a ellos por su servicio.

Unan sus conciencias con la de los Maestros

Toda conciencia está compuesta de pensamientos y sentimientos en la Octava Maestra Ascendida así como también en la humana. Todo pensamiento y sentimiento crea ondas de energías vibrantes que pulsan a través del Universo a diferentes velocidades según su causa inicial. La Conciencia del Maestro, en la cual solamente hay pensamientos y sentimientos de una naturaleza armoniosa y constructiva vibra muy rápidamente y en consecuencia se le llama Conciencia Superior Ascendida en contraste con la conciencia inferior o humana donde la vibración de pensamientos y sentimientos es lenta y densa debido a las causas pesadas e imperfectas.

Así como las vibraciones compatibles se reúnen y se mezclan, así también veremos que para sincronizarse con la Conciencia Maestra Ascendida, el individuo debe cambiar mediante el esfuerzo y el control conciente, la acción vibratoria de sus propias ondas de pensamientos y sentimientos, y elevarlas hasta una frecuencia similar a la de la vibración del Maestro si él escoge entrar en expandir y ser uno con lo más grande. La capacidad para elevar la conciencia de alguien hasta la del Maestro está dentro de cada corazón. Algunos la han desarrollado hasta un punto en donde esa capacidad está bajo el control consciente de la inteligencia externa. Esta gente tiene una "línea abierta" hacia dentro del Reino de los Maestros. Otros, a través de la devoción, la contemplación y la aplicación, se elevan a sí mismos temporalmente hacia dentro de la unión con la Conciencia Superior, y todavía hay otros que hasta esta fecha no han ejercitado su capacidad y deben depender de la destreza de las demás corrientes de vidas para su inspiración.

Es para desarrollar la capacidad latente, para unir la conciencia externa con la interna, que los Miembros de la Hermandad Espiritual buscan y entrenan chelas de todas partes de la Tierra, esperando que mediante esa asociación Ellos puedan desarrollar y sostener la conciencia de los seres no ascendidos como instrumentos de la Voluntad de Dios.

Así como pueden apurar sus pasos para moverse de un lugar a otro en el sendero donde hay un objeto caído, así también pueden acelerar su conciencia, solamente han ejercitado los pies más que las facultades internas, y por lo tanto parece que tuvieran un mayor ímpetu respecto al movimiento físico que el que tienen en las aceleraciones internas.

El Poder dentro de la naturaleza de sentimiento

Hay un viejo adagio que dice: "Hagan como los Romanos cuando en Roma lo hagan", y esto es parte de una gran Verdad Cósmica. Cuando una corriente de vida escoge encarnar, o está según su naturaleza forzada a encarnar sobre cualquier planeta del Sistema, ella debe asumir en miniatura la naturaleza, las características y la sustancia elemental adecuadas de ese planeta, como ustedes lo saben desde los primeros estudios, la gente de la cadena de la Tierra encarnaron sobre varios planetas precedentes a este que ahora es el salón de clases de la raza. En cada planeta, los vehículos de cada encarnación tenían una actividad específica predominante a ser desarrollada — en los vehículos etérico, mental, emocional, o en el físico El Planeta Tierra es el salón de clases para el desarrollo de la naturaleza emocional; así que el ochenta por ciento del Planeta Tierra es agua y cada corriente de vida encarnada sobre la Tierra debe llevar consigo ochenta por ciento de su encarnación en su CUERPO DE SENTIMIENTOS. Es quizás el entrenamiento más difícil para cualquiera de los pertenecientes a esta cadena. Esto explica por qué la Tierra ha caído dentro de un foso porque el control del uso del poder del Mundo de Sentimientos es la más grande iniciación de los Dioses en evolución. Cuando la corriente de vida ha alcanzado la maestría sobre la naturaleza de sentimiento, se gradúa en la Tierra debido a que ésta es la única lección que le puede enseñar. Así que encarnan una y otra vez sobre la Tierra a fin de controlar el Mundo de Sentimiento.

"**YO SOY**" la Encarnación Representativa del Espíritu Santo, el lado del SENTIMIENTO de la Vida y es Mi responsabilidad ver que cada corriente de vida sobre la Tierra logre esta maestría y control.

Con Neptuno y el Elemento Agua, Nosotros tenemos una tremenda oportunidad de servir, y cualquier chela que escoja invocar Mi asistencia Cósmica hacia dentro de la naturaleza de sentimiento de la gente, recibirá Mi Bendición, Gratitud y Gracia a través de toda la Eternidad.

Ustedes piensan que tienen responsabilidad cuando han tratado quizás de controlar un sentimiento natural. Quizás entonces puedan captar lo que ha de ser el Entrenamiento de los Miembros de la Jerarquía en el control de unos diez billones de almas, la mayoría de las cuales ya se han pasado mucho más allá del tiempo acordado para tal maestría.

El poder de la Naturaleza de Sentimiento representa del setenta y cinco al ochenta por ciento de la energía de cada corriente de vida y de la masa de la gente. Verán por lo tanto que ia Tierra está dominada por la Conciencia de Sentimiento que es la Actividad del Espíritu Santo. Entenderán también que es Mi responsabilidad calificar la naturaleza de Sentimientos del Planeta Tierra y su gente para que la mayoría de sus energías individual y colectivamente, sean como Dios y Divinas.

Cualquier experiencia individual en inspiración y en impulsos debe estar unidad al Sentimiento Natural para que llegue a ser manifiesta comenzando con la simple experiencia de desear mover el cuerpo de una habitación a otra. El pensamiento no se ejecuta hasta que el sentimiento fluye a través del pensamiento con suficiente intensidad como para levantar la masa inerte del vehículo físico y llevarla a través del piso. El tratamiento del día que sería grandemente ventajoso para Mí es si ustedes reclamaran esa línea de Fuerza justamente como una tubería flexible para que fuera atraída desde Mi Corazón hacia dentro del mundo de sentimientos de cada ser no ascendido y de todo desencarnado y, que con el latido de Mi corazón Pulsante, ese sentimiento fuera intensificado y liberado para que se convirtiera en la radiación dominante en la Naturaleza de Sentimiento de la Gente.

La Naturaleza de Sentimiento se carga poderosamente con cualquier número de calificaciones que formen una presión de energía tremenda detrás de la acción, pero si la naturaleza de Sentimiento fuese cargada con el Poder y la Gracia del Espíritu Santo, y toda acción fuera precipitada dentro de la forma con la presión de Mi Sentimiento detrás y a través de ella, el individuo así como también el planeta, tendrían el éxito del logro victorioso con mucha mayor facilidad y mucho más rápidamente. Todos ustedes son gente de SENTIMIENTO, Y "**YO SOY**" el Representante del lado del SENTIMIENTO de la Vida. Ochenta por ciento de la responsabilidad humana descansa en Mi puerta. ¿Tendría yo suficientes chelas que Me asistieran en esta tarea de regulación y de gobernar la Naturaleza de Sentimiento de ellos mismos, y luego la de las masas?

Dirigiendo la Conciencia hacia arriba

Cuando se hacen experimentos en la estratósfera para registrar los Rayos Cósmicos, ellos están haciendo científicamente lo que cualquier ser no ascendido puede hacer a través del rayo de su atención al enviar hacia arriba la plenitud de su conciencia hacia dentro de los Reinos de la Armonía donde mora la Perfección. Esto es enteramente diferente que ir hacia dentro de los Reinos Superiores cuando se acuestan para dormir, debido a que no atraen dentro de su conciencia despierta la plena realización de sus experiencias internas.

La conciencia de ustedes es una serie de vibraciones determinada por sus pensamientos y sus sentimientos, ésta funciona en varios reinos según la disposición de ánimo del momento. Cuando son devocionales y están llenos con la realización espiritual, ésta se eleva como un balón estratosférico fuera del contacto con las inarmonías de la esfera de la Tierra, pero siendo sensitivos a las vibraciones más sutiles, es fácil la caída vertical hacia abajo debido a las sugestiones más sutiles externas o internas que de nuevo motivan hacia dentro del plano de la tercera dimensión.

Para aquellos quienes han sido privilegiados de recibir una instilación de Nuestra Conciencia periódicamente, esto ha causado una gran expansión propia de ustedes, y pueden acelerar grandemente su comprensión sin fatigas mediante la invocación a cualquier Miembro de Nuestra Hermandad para llenar sus seres con la Conciencia de Él o Ella respecto a cualquier problema de Estado o Nación o cualquier actividad referente a la Tierra o el espacio interestelar.

La transferencia de la conciencia es una actividad de Transmutación y ninguna corriente de vida sincera puede invocar Nuestra Conciencia dentro de la suya propia para dirigir la luz sobre cualquier problema o sentimiento, y no tener la Sustancia y la Llama Real desde nuestros Corazones Cósmicos mezclándose con (iluminar) sus propios pensamientos, sentimientos y esfuerzos. Ningún hombre, mujer o niño está solo en este Universo cuando comprenden que la mezcla de las conciencias puede tomar lugar en un instante, y que no depende de la evolución de las propias y pequeñas experiencias de él o ella a fin de guiar sabiamente sus esfuerzos diarios.

Para aquellos quienes experimentaran con la invocación de la Conciencia Maestra Ascendida y Sentimientos en cualquier esfuerzo, tenemos algunas poderosas experiencias interesantes y útiles que ofrecerles y Nosotros podríamos darles esta gratificación adicional. Los Jefes de sus Gobiernos y el Gabinete podrían ser enriquecidos más allá del límite por la Conciencia de la Hueste Celestial si se les invitara.

El ojo interno ve la verdadera esencia del Ser

El abrir de la Vista Interna, la capacidad de elevarse hacia dentro de ese Reino donde ustedes pueden ver la Vida y la Luz en su intensidad creciente tomando su dominio a través de la humanidad de la raza y el planeta mismo, re-orienta completamente la conciencia del ser auto-consciente. Para los individuos que aun usan las vestiduras carnales y están atados por las paredes limitantes de los sentidos, les es más difícil mantener y sostener la realización de que la expansión de la Luz es el único propósito de la creación y forma el poder motivado detrás de toda acción y servicio de los servidores de Dios quienes quieren ser los Portadores de la Luz.

Uno debe elevar constantemente la visión por encima de la representación de la forma, y al menos con "el Ojo Interno" reconocer la verdadera esencia que está dentro de toda existencia ya sea que esté en la forma de un hombre, la rama de un árbol o el césped que cubre la superficie de la Tierra.

En la Octava Maestra Ascendida nosotros somos grandemente asistidos en nuestros esfuerzos porque hemos ganado la capacidad de vivir en el Reino de lo Real y ver la forma y la sustancia del plano tridimensional más como una inexacta y casi imperceptible cubierta a través de la cual la luz y la vida del verdadero Ser puede ser fácilmente percibida. Es casi tan difícil para Nosotros conocer e identificar lo que ustedes llaman materia como lo es para ustedes el contactar la sustancia sutil que para Nosotros, es representativa de toda vida y ser. Es como si Nosotros nos paráramos en la cima de una montaña y ustedes se pararan en la base, el uno desde arriba mirando hacia abajo tendría una descripción más completa y precisa (no sólo de la montaña y el campo) que aquél que está en la base de la montaña mirando hacia arriba. Sin embargo, según su lugar y posición aquel que está abajo puede decir tener una fiel representación de ese medio ambiente, aunque para Nosotros, quizás no tuviese la plenitud de la verdad.

Cuando sean privilegiados de tener una Visión Superior, directamente o a través de la intervención de Nosotros mismos, estén sometidos a la influencia de una dispensación y acción diferente de la Ley, y los resultados prueben la eficacia de tal aplicación en contraste con aquellos quienes aún batallan desde dentro de las sombras.

La Era Acuariana

Hoy día estamos estudiando el propósito para el establecimiento del gobierno interno y mantenimiento del planeta Tierra. Cada planeta en el Sistema es un salón de clases a través del cual la humanidad de la Tierra debe pasar a fin de ganar el pleno control y la maestría de todos sus vehículos. Como en el caso del sistema educacional externo, algunos espíritus bellos asimilaron rápidamente la Luz de la Presencia y un planeta fue suficiente para su Ascensión e Iluminación completa, y ellos pasaron desde Mercurio o Venus hacia dentro del Reino perfecto. La gran mayoría de la masa, sin embargo, aprendió sus lecciones en los subsiguientes planetas y fueron transferidos al planeta Tierra para que aprendieran el control emocional de la energía.

El planeta Tierra es un Ser Emocional. Cada alma que encarna en él toma vehículos en los cuales la naturaleza emocional es predominante. Igualmente los Avatares hacen este sacrificio cuando Ellos vienen a traer la luz y la Iluminación a la gente.

Pensando un poquito veremos que con el advenimiento de la Era Pisciana (que fue la Era del Agua) y el descenso y encarnación del Maestro Jesús el Momento Cósmico señaló que todo miembro de la raza humana debería haber alcanzado el punto de graduación, pero con el paso de esa Era, la humanidad está un poquito más adelantada que en el Cielo precedente. La era Acuariana también es representativa del Agua, y en esta Era se debe completar el fluir de la energía impura de la naturaleza emocional hacia dentro de la copa de Cristal Puro del Control Maestro "**YO SOY**" la figura que sostiene ese Recipiente Cósmico "**YO SOY**" la encarnación de Acuario. El mayor número de la humanidad de la Tierra entrará en el control de la Naturaleza de Sentimiento durante esta Era, pero ustedes pueden acelerar grandemente su progreso mediante la invocación hacia Mi Presencia Personal.

Impulsos de servicio a la vida

La Poderosa Presencia "YO SOY" y el Santo Ser Crístico de cada corriente de vida tiene acceso completo al Corazón y la Mente del Padre Universal en el Sol detrás del Sol. Cualquier ser no ascendido puede de su propia voluntad e iniciativa, entrar dentro de esta mente que todo lo conoce y dentro del Corazón de Dios y, siguiendo el Plan Divino, desde esta Conciencia impersonal, atraer de regreso hacia dentro de la personalidad intelectual cierta comprensión que traducida en aplicación, puede ser de tremenda asistencia para el trabajo de la Jerarquía Espiritual.

En la presentación por el Maestro de la instrucción que ha aparecido en los numerosos dictados y a través de la palabra impresa. Ellos han expandido la tenue Ley Cósmica con sus esfuerzos para impulsar a la mente externa de los medios y maneras mediante las cuales los individuos podrían poner en movimiento las invocaciones para las Dispensaciones y las descargas Cósmicas que liberarían a las corrientes de vida de la raza humana entera de los grillos y las cadenas de las centurias. Aunque muchos de estos maravillosos impulsos hasta ahora han sido ignorados, mientras algunos han sido puestos en uso por los chelas alertas quienes sirven al Maestro por Ley Cósmica, está limitada la cantidad e intensidad de impulsos que Él puede ofrecer a la corriente de vida, pero la Presencia "YO SOY" y el Santo Ser Crístico del chela no conocen límites de ninguna clase. Si el Maestro es lo suficientemente afortunado de tener una o más corrientes de vida que sean tan serias en su deseo de servir a la Causa del Maestro como para que ellos buscaran desde el Corazón de los cielos los medios y maneras mediante el cual sostener su trabajo. Él entonces podría amplificar la radiación de la instrucción y la inspiración recibida sin límites.

Si durante las contemplaciones e invocaciones de su Fuente son impulsados a hacer ciertas llamadas definidas por medio de la cual la raza puede ser beneficiada o el trabajo de los Maestros sostenido. NO SE LO DIGAN A NADIE, sino que apliquen con toda la intensidad de su ser, la invocación, y utilicen la naturaleza de sus sentimientos para sus llamadas. Encontrarán a la Hermandad de lo más agradecida por su Servicio.

El servicio del Espíritu Santo

Cada Maestro Ascendido ha elevado Su Emocional, o Cuerpo de Sentimiento, hacia dentro de la próxima Octava, por encima del mundo de las apariencias físicas. Con la Ascensión de cada corriente de vida, una parte de la naturaleza de sentimiento de la humanidad sobre la Tierra es cercenada de la posibilidad de contaminación y forma un porcentaje de las emociones redimidas en el Reino de Dios. Cada Victoria, por lo tanto, es de tremendo interés para Mi Corriente de Vida cuya responsabilidad y deber, bajo la Ley Cósmica, es redimir la conciencia emocional de esta raza y los reinos animal, vegetal y mineral.

Cada corriente de vida que no tiene la maestría del Cuerpo Emocional, es de Mi responsabilidad particular e individual, y esa maestría y control se logra a través de la cooperación y asistencia del Espíritu que encarna.

Cada corriente de vida está sometida a Mi Supervisión directa durante un período en particular en su evolución. Esto se debe hacer porque ninguna corriente de vida se puede pasar por alto en este proceso de purificación y armonización de la naturaleza emocional que todos comparten, así como tampoco el ama de casa pasaría por alto la limpieza de un cuarto y sentiría que su tarea de mantener su hogar bello, ha sido completa.

Habiendo tenido algunas pequeñas experiencias dentro del compás de sus propios mundos en cuanto al poder del cuerpo emocional, ustedes quizás puedan simpatizar más conmigo cuando lo multipliquen por algunos diez billones de cuerpos de sentimientos de la raza.

Como Yo estoy mucho más ansioso que cualquier ser no ascendido en ganar la maestría y el control del estatus emocional del Planeta Tierra, la llamada a Mí para el anclaje de Mi Radiación y Sustancia en cualesquiera de los mundos de sentimientos. Me dará una gran oportunidad de redimir más de Mi Sustancia. Se ha dicho que este es Mi servicio principal para traer el balance a aquellos que sufren desajustes de los receptáculos mental y emocional. Verán que en Mi capacidad como el Guardián del mundo emocional no sólo es una oportunidad, sino una necesidad para Mi plena Liberación el ver que cada cuerpo emocional esté armonizado, clarificado, purificado y ASCENDIDO. Esperaré la asistencia de ustedes en esta tarea.

El alma del hombre

Cuando Nosotros hablamos del alma del hombre, nos referimos a esa conciencia que está evolucionando hacia la unión con el Ser Divino, y que es el único ser que el chela conoce hasta que la unión consciente tome lugar. Esta alma evolucionada a través de centurias de experiencias, es la parte preciosa de la corriente de vida con la cual el Maestro y el Ser Superior se relacionan, porque la conciencia externa debe llegar a ser UNA de nuevo con la Interna antes que la manifestación completa pueda tomar lugar.

Desde los Maestros Ascendidos y las Octavas Cósmicas, fluyen constantemente el alimento, la iluminación y las Corrientes Espirituales hacia dentro del alma que le capacitará para reunirse con la Voluntad Divina, así como el Maestro Jesús, el ser personal, llegó a ser UNO con el Cristo.

Cuando se establece una acción vibratoria superior y es mantenida por la corriente de vida, el alma está abierta siempre a los flujos particulares que llegan desde arriba, desde el Cristo Interno, los Maestros Ascendidos y la Ley Cósmica. Un individuo en paz en la acción vibratoria de sus mundos de pensamientos y sentimientos y su cuerpo físico, está en una comunión constante con el Espíritu Divino.

Como lo explicamos previamente, el cambio rápido de la acción vibratoria de los cuerpos externos afecta la receptividad del Alma-luz y ese es el porqué Nosotros siempre hemos aconsejado al chela refrenar el sentimiento de la presión de estar apurado o tensionado. Esto parece que causa frágiles daños, pero son los más perjudiciales para el mantenimiento de una receptividad por el alma desde el Espíritu. El progreso en el Sendero es difícil en sumo grado, aún bajo las circunstancias más favorables, y la recepción de la Unción Espiritual en el grado que la vida pueda ofrecer es un requisito para el progreso permanente. Por lo tanto, por ustedes mismos y por aquellos a quienes puedan influenciar, traten de establecer una acción vibratoria de equilibrio en toda actividad y en todo servicio, lo cual facilitará que la Luz Espiritual encuentre una entrada fácil dentro de la naturaleza.

Las almas rezagadas

El alma del hombre es el actor real sobre el escenario de la Vida y el poder dentro del alma es el factor determinante de lo que aparecerá sobre la pantalla del maya. Vamos, entonces a estudiar algo del alma.

En primera instancia, ¿cómo fue que el alma vino a la existencia? El gran Arquetipo Divino de cada hombre fue creado por la Deidad en el momento en que esta humanidad en particular fue alertada y pensada dentro de la Vida Universal.

Cuando la Llama individual decidió avanzar a través del proceso de la encarnación a fin de convertirse en un manipulador consciente de las fuerzas del pensamiento y sentimiento, una porción de la Llama Divina, la Inteligencia y la Conciencia que fue manifiesta como el primer hombre, fue proyectada hacia fuera desde la Deidad, y de ese modo UNO SE CONVIRTIO EN DOS por un tiempo. Esta creación artificial, ustedes podrían decir, o esta conciencia independiente capaz de pensar y sentir, y utilizando el poder del libre albedrío, fue el germen del alma.

A través del alma, la vida del Espíritu intentó dirigir y agrandar su Reino y de ese modo cumplir su propósito en el Esquema Universal de la manifestación Dotando al alma con la capacidad, los poderes del pensamiento y del sentimiento, hizo posible que el alma, en su viaje desatendiera la autoridad de la Inteligencia Superior y prosiguiera la vida como suya propia, vagabundeando sin rumbo fijo a través de las edades, recogiendo donde había sembrado y desarrollando durante y hasta la presente hora, ciertas características y tendencias naturales.

De ese modo tenemos un planeta con almas "perdidas" por así decir, quienes voluntariamente se disociaron a sí mismas de la conexión, entre la personalidad externa y la Presencia Divina de la Vida. El proceso de la reunión consciente de las almas con el Ser Superior (el regreso del hijo pródigo al Hogar del Padre) es el servicio actual de la Hermandad.

Las condiciones del plano terrenal hoy día necesariamente son tales, debido a que el planeta mismo está poblado en gran parte con esas almas que se han desconectado de sus Seres Superiores y quienes hasta ahora no han encontrado el camino de re-asumir de nuevo sus Conciencias Divinas. Algunas de estas se les refiere en nuestros estudios como las "almas rezagadas".

La Conciencia Crística Cósmica

Hay un gran Mar Universal de la Conciencia que envuelve todas las cosas vivientes y creadas, desde el Logo Solar hasta la hoja de grama. Esta es el Aura y la Radiación de los siete cuerpos del Gran Sol Central para este Sistema.

La conciencia del hombre representa la exhalación de sus siete cuerpos, y la periferia de su aura es el conglomerado de la masa de radiación descargada desde estos cuerpos. Así también es con la gran Conciencia Crística Cósmica, que forma la periferia de nuestro Universo, que contiene dentro de Ella misma toda la Idea Divina. El Sentimiento y los Poderes de ese

Corazón Divino desde donde todos nosotros vinimos a la forma, de acuerdo con la Capacidad de las inteligencias individuales, viviendo dentro de la gran Conciencia Crística Cósmica, para percibir la Belleza y la Perfección que hay allí, se manifestará para ellos.

Todos nosotros estamos en el proceso de reconocimiento y actualización de esta Conciencia Crística Cósmica a través de la conciencia individual que hemos evolucionado y que forma para Nosotros la periferia de nuestros propios mundos de experiencia. Nuestra habilidad para percibir la Verdad y disfrutar la mayor vista de su horizonte expandido, Nos eleva constantemente hacia dentro de un mayor despertar de eso que es y siempre es Nuestra gran Alegría, la de traducir, transferir y transmitir esa porción de la Verdad que ha sido Nuestra para que la perciban aquellos quienes sostengan sus conciencias abiertas ante Nosotros para alimentarlas. Ese es el propósito de toda relación entre el Maestro - Chela; propósito de toda relación entre el instructor y el estudiante en la octava humana, en los canales educacionales, así como también en los estudios de las leyes Superiores. El Instructor da de las riquezas de Su conciencia al estudiante, los padres al niño y el Maestro al hombre. El hombre da del contenido cuestionable de su conciencia el uno con el otro, en un constante tráfico de comercio. La conciencia es una de las actividades más comercializadas de la raza. El hombre que ha escogido enriquecer su conciencia ha escogido sabiamente porque no hay otro beneficio que perdure que pueda ofrecer esta Tierra o cualquier Estrella o Sol. Cuando él deja este plano es sólo la conciencia lo que va con él y cuando Jesús dijo: "guardar sus tesoros en los cielos", Él habló de esta Verdad.

Para retornar al principio de Nuestra instrucción, esta Conciencia Cósmica es como el océano y sus siete vehículos están inmersos en medio de él. La vida y la capacidad de sentir en sus mundos de sentimientos es una porción de la Naturaleza de Sentimientos de Dios, ¿pero, cuánto de ésto? La capacidad dentro de la mente para pensar es una porción de la Gran llama del Pensamiento del Cristo Cósmico y toda la energía del cuerpo físico es una porción del Poder de Dios que dota la vida. Por lo tanto, identifiquen sus siete cuerpos con esta Presencia Cósmica y en la contemplación ATRAIGAN todos los Poderes del pensamiento y sentimientos que están dentro del Cristo, QUE PRECEDEN a la aplicación. Ustedes pueden tomar una respiración poco profunda como la mayoría de ustedes lo hacen, y tomar no más que un poquito y muy ligeramente de las corrientes vitales que están en el aire físico y toda la vitalidad del Cristo Cósmico que pudiese animar al cuerpo físico estaría sin ser tocada. Otro individuo puede atraer de ese mismo aire suficiente vitalidad como para hacer a ese cuerpo inmortal. Es lo mismo con sus vehículos internos.

Si pueden entender esto, no sólo podrán tratar con gran éxito a sus propios receptáculos, sino que podrán entrar dentro de la Creación Cósmica, porque no hay ninguno que les diga "no" en lo tocante a cuánto del Poder Divino ustedes pueden escoger con el cual se identifiquen a sí mismos.

El Reino de los Cielos está a la mano

Nuestro Amado Maestro Jesús dijo: "El Reino de los Cielos, está a la mano". Dos mil años atrás, Él dijo a la gente de la Tierra que el Reino de los Cielos que estaban buscando ya los estaba envolviendo. Yo repito eso hoy día debido a que Nosotros estamos viviendo en ese Reino de los Cielos, y cualesquiera de ustedes, seres no ascendidos puede entrar en él y vivir en la Gloria del Reino ¡AHORA! Esto no es un estado futuro, sino que es una armonización de sus seres externos para que puedan sentir y experimentar la Paz, la Armonía, la Luz y la Salud que está siempre alrededor de ustedes.

Como hemos dicho antes, su salón está lleno con música, pero ésta requiere el instrumento de la radio o la televisión para llevar esa vibración a sus oídos físicos. Así que cuando sus salones estén llenos con la Luz, con la Salud, la Belleza y la Liberación, y cuando la personalidad externa llegue a estar quieta, el corazón puede sincronizarse con estas vibraciones bellas y entonces el Reino Celestial se expresará no en algún tiempo futuro, sino AHORA mismo —HOY. Nosotros debemos, si escogemos vivir en el Reino, de tratar de vivir, actuar, sentir y pensar en nuestra vida diaria como si hubiéramos pasado dentro de las Puertas Doradas y fuéramos huéspedes honorables de la Hueste Ascendida y a medida que practiquemos esto nos encontraremos a nosotros mismos en la presencia de esos Seres porque aún hoy, Ellos están caminando constantemente entre ustedes y no es más que las vibraciones de la personalidad externa lo que los mantiene fuera de la posibilidad de ver, reconocer y disfrutar la radiación de Sus Presencias elevadoras.

No hay ser no ascendido que no pueda elevarse él o ella misma hacia dentro del Reino Celestial mediante la invocación al Ser Superior y a los Seres Ascendidos, y mediante el aquietamiento de la personalidad externa, para permitir a la Presencia Interna expresar y regular las condiciones externas de una manera que forme el medio ambiente necesario para ese Reino.

El Hombre es el Guardián de su Conciencia

No hay dos seres no ascendidos que tengan la misma conciencia, porque el uso individual del libre albedrío a través de muchos millones de años ha determinado la experiencia de la vida por la cual la conciencia fue creada y sostenida. La conciencia del hombre vive encarnación tras encarnación como la única parte que perdura de la corriente de vida, y el estado de su conciencia determina su experiencia en la Tierra y las alturas hacia las cuales él se elevará después de la muerte de la forma física. El único pasaporte hacia dentro de los Reinos de la paz, la Belleza y la Perfección es el propio estado de conciencia.

Como cada corriente de vida vive dentro de su conciencia, y la manifestación de esa conciencia determina su futuro, además de las actividades del presente, es el momento para que el estudiante comience conscientemente a volcar la fuerza y peso de la energía de su corriente de vida, dentro de una elección más cuidadosa de lo que él abrigará y sostendrá en su conciencia.

La conciencia de un hombre es esa de la que él está consciente. El tiene libre albedrío para atraer dentro de su conciencia, desde cualquier Reino en el cual descanse su atención, mediante la avenida de su propia Energía de Vida en el uso de las facultades de la visión, audición, sentimiento, etc. Su conciencia entonces se convierte en el salón recibidor para sus sentidos exteriorizados. Lo que él ve, piensa, y vive en secreto, además de abiertamente, conforma la experiencia de la vida en la cual vive aquí y en el futuro. La conciencia humana, como lo ha dicho **Saint Germain** es el depósito provisional terrenal de todos los pensamientos y sentimientos fugaces de la mente de la masa que fluyen libremente hacia dentro de las corrientes de vida desvalidas y no desarrolladas. Así que las cualidades que se entretienen en la conciencia mediante la contemplación de la imperfección, atan al aspirante, así como también a la mente de la masa no despierta. La Conciencia Maestra Ascendida ha sido desarrollada por cada SER QUE HA PASADO A TRAVES del Reino del nacimiento y la muerte hacia la Vida Eterna a través de un tremendo esfuerzo auto-consciente. El individuo que aspira a la Maestría debe darse cuenta que su conciencia está siempre al comando del libre albedrío, y que el desarrollo de la Conciencia Maestra Ascendida llega, no sólo a través de la Gracia, sino por la invitación de los pensamientos y sentimientos superiores hacia dentro de la mente consciente, no solamente durante los momentos de adoración, sino durante todo el período de veinticuatro horas del diario vivir. La clasificación de las ovejas, de las cabras, es una tarea constante, y cada vez que los pensamientos y sentimientos impuros, imperfectos y de limitación son rechazados de la conciencia mediante el esfuerzo consciente y reemplazados por pensamientos y sen-

timientos superiores, el individuo está construyendo la
Conciencia Maestra Ascendida dentro de su propia experiencia, y esta Conciencia será su pasaporte hacia
dentro de los Reinos Superiores durante el dormir, la
contemplación, y a la hora de la desintegración de la
forma Terrena.

Luz es el Cuerpo de Dios

La Radiación de la Llama es Luz. La Radiación de
un Ser Divino es Llama. El Ser o la Naturaleza Divina,
la Inteligencia actual puede que no conozca la forma
pero el efecto de tal Naturaleza es la Expresión de esa
Naturaleza, es una Vestidura de la Luz viviente que ha
sido llamada la Llama del Ser. Justamente así como la
inteligencia o la Pureza, o la Sabiduría, no se les puede
decir que tienen líneas de contorno pero que sin embargo desde ellas llega una radiación tangible y algunas
veces visible, así también es la Naturaleza de la Deidad
en esta presencia tangible, indescriptible. Aquellos que
poseen una visión acelerada, han dotado a estos Seres y
Virtudes exquisitas con una Vestidura de Llama por
falta de una mejor expresión que realmente es la
Radiación de esa Virtud y la Luz de la Radiación es de
una intensidad más reducida que la que ellos ven.
Decirle a un estudiante que ha vivido durante largo
tiempo en la forma física, que la Primera Causa Universal fue la "Nada" o "Ninguna Cosa" sería confundirle
completamente la mente e incapacitarla a la personalidad para conectarse con un 'vacío' aparente. Sin

embargo esta Gran inteligencia la Deidad o cualesquiera de estos Seres son tan reales en esa amorfidad como la propia naturaleza de ustedes, que nunca podría ser vista, tocada, ni delineado su contorno, pero cuya Radiación podría describirse y sería representativa para los sentidos de las conciencias como ustedes mismos.

Dondequiera que hay fuego, hay combustible. Donde quiera que hay Luz o Llama, hay una Causa, que es la Vida que la crea y la sostiene Dondequiera que en los cielos haya un Ovalo o Foco de Llama, allí está la Presencia de algún Ser Divino. Luego cuando su Tierra esté llena de luz con la cual los hombres puedan vivir, moverse y tener su ser, esa luz será el reconocimiento para todo aquél que sepa que ésta es un efecto del Aura de alguna Gran Presencia.

Ahora bien, el propósito por el cual les manifiesto esto, es debido a que ustedes, que están en el Sendero, mostrarán Su Maestría cuando la emanación de sus Seres, sea Llama. Primero ésta será Luz y luego, será Llama, y aquí se reconocerá que la plenitud de la Presencia de Dios, se manifiesta a través de ustedes. Cuando la Luz se convierte en Llama, toma lugar la transmutación del resto de la naturaleza humana, y la Llama aparezca a través de ustedes la Ascensión no podrá ser. En consecuencia, es sabio mantener la visualización de la Vestidura de su Espíritu, que es llamada la Victoriosa e Inmortal Llama Triple dentro de sus corazones como una actividad en expansión constante a través de la carne.

La Gran Conciencia

La expansión de la conciencia es realmente el incremento del estado consciente del individuo y la Llama inteligente evolucionando que Nosotros designamos como la individualidad. Toda Verdad AHORA ES Y SIEMPRE SERA y la buena voluntad de la inteligencia autoconsciente para percibir esa Verdad, determina su estado de conciencia y evolución.

El infante al nacer no está consciente del Universo dentro del cual ha sido precipitado, ni de los individuos que son los responsables de su cuidado, sustento y protección, pero gradualmente la percepción consciente de la forma y la personalidad se desarrollan desde dentro de él. Nadie puede describir el encanto de los padres cuando el niño por primera vez se hace consciente de esos padres, como individuo hacia el cual fluyen ciertas sustancias enternecedoras de amor y afecto. Este momento de percepción es compartido por el infante y los padres, e igualmente por el guardián, y gradualmente la percepción del niño incrementa la suma total de la realidad y la imaginación del cual él está consciente, hasta que, cuando ha logrado la mayoría de edad, su conciencia ha aceptado y digerido una bella parte del conocimiento intelectual del momento en el cual escogió encarnar.

El gran estudio mediante el cual la humanidad es elevada a un conocimiento de la Verdad de Dios en el Universo y de su conciencia expandida, descansa, para la mayoría, en la dirección de los Maestros Ascendidos. Quienes, mediante visitas, la radiación y la instrucción, tratan de hacer que la corriente de vida inteligente perciba y llegue a estar consciente de una más grande y mayor visión de la Verdad Espiritual. El punto de reconocimiento y percepción despierta las cuerdas en la naturaleza de sentimiento y da por resultado una conciencia elevada que aquellos en el Oriente llaman la Iluminación. Así como todo lo del Universo y su gente existió antes que el niño conociese su presencia, así también toda la Verdad persiste y existe, y este es un gradual desenvolvimiento del individuo para percibir, reconocer y llegar a estar consciente de este estado de la conciencia elevada hacia dentro del cual Nosotros dirigimos Nuestros esfuerzos, Nuestro Amor, Nuestra Luz y Nuestra Voluntad. Permitan que todos sus estudios sean seguidos por la contemplación para que sus almas y espíritus puedan percibir las Verdades expuestas.

Y ahora a medida que regresamos nuevamente hacia dentro del Corazón del Cristo Cósmico, voy a atraer a todos sus vehículos internos hacia Mí, sus Llamas de Pensamiento, sus Llamas de Sentimiento, sus Llamas Emocionales, y esa bella y fuerte Llama que pulsa en sus corazones. Las sostendré allí dentro del corazón de la gran paz de la quietud Solar y allí ellas se unirán con la Fuente Universal y el Río de la Sustancia siempre incrementándose en esplendor y belleza, alimentará sus recipientes y hará de ellos brillantes caras de diamante de la Voluntad de Dios.

Están en el momento de gran espectación, a medida que han comenzado a observar, reconocer y llegar a estar conscientes de estas Fuerzas Divinas de las cuales les he hablado. Si no fuera así no se los habría dicho, y no hubiese venido desde los Reinos concebidos más allá del poder de la mente mortal, pero aún en sus conciencias humanas, hay una aceptación y reconocimiento de que tal Belleza y Perfección debe ser, y que un Dios de Todo Bien y de Toda Gracia no haría esos Reinos para unos pocos escogidos. Ellos existen AHORA, para TODOS, y aún en medio de sus limitaciones presentes, ellos viven para USTEDES —no en un futuro distante— sino en el momento en que abran sus ojos y VEAN.

Después del nacimiento del infante, pasa un tiempo durante el cual la vista no está localizada, como ustedes lo saben, aunque la Luz del Sol está allí, como está la forma de los padres o el guardián, el niño no los ve a ellos. Entonces llega ese Momento Cósmico cuando los ojos se abren y la vista es conferida sobre la forma humana. Ustedes están en tal Momento AHORA y la Alegría VIVE, la Paz existe y Muy abundante y la Salud Vital ES, pero ustedes deben abrir sus corazones y ojos para ver, y, yo no descansaré hasta que el Impetu de Mi Fuerza y la Luz estén tan resplandecientes alrededor de ustedes que no puedan rechazar Su Presencia.

Dirigiendo la atención

La facultad de su atención es una actividad del Fuego Sagrado, un Poder delegado para uso de ustedes para el enriquecimiento de su naturaleza, para el incremento de su capacidad para servir a Dios y al hombre. Entonces su atención es una Llama de ese Fuego Sagrado, y si la visualizan como tal, podrán dirigirla con tremendos resultados hacia cualquier Maestro Ascendido, hacia su propio Ser Divino, o hacia cualquier lugar en el Sistema Solar, desde donde ustedes deseen asistencia, Iluminación, Paz o Curación. La Llama de su atención, siendo parte del Fuego Sagrado, se conecta inmediatamente con el objeto hacia el cual ella sea dirigida. Esto forma un contacto definido con toda sustancia consciente, sentimiento y poder del Ser hacia Quien ustedes han enviado el rayo de su atención.

Si requieren curación, volcarán el rayo de su atención hacia el sol físico y pasarán treinta o sesenta minutos ininterrumpidamente solamente contemplando la Perfección que hay allí, las Partículas de Luz que renovarían y reconstruirían sus vehículos internos y externos dentro de la salud perfecta, vitalidad y bienestar, viajarán de regreso a través del rayo de su atención. Cuando la atención del Maestro está sobre ustedes Él está mirando el Fuego Sagrado. Su atención es atraída hacia ustedes en el instante en que piensan en Él, en consecuencia, tienen a los polos positivo y negativo del Fuego Sagrado en acción durante el tiempo de su contemplación.

Esto forma una conexión perfecta a través de la cual Sus Regalos y Sustancias pueden viajar.

Si ustedes experimentaran con esto, estarían maravillados y se deleitarían con los resultados físicos y emocionales y ayudarían a que tal tratamiento se manifestara. El Maestro trata no solamente el cuerpo físico, sino también los cuerpos internos barriendo la sustancia pesada particularmente en el Cuerpo Emocional y si visualizaran capas de Llama Rosa y Dorado, pasando a través del Cuerpo Emocional, encontrarían la tranquilidad y la paz que haría la aceptación de la asistencia física mucho más fácil que cuando están sometidos a esfuerzos y tensiones que resultan tan a menudo de la dedicación personal.

Incrementando la Luz del Mundo

Jesús dijo: "Si estoy elevado atraeré a todos los hombres hacia Mí". Me gustaría explicarles con detalles a lo que Él se refirió con esa afirmación a fin de que ustedes puedan entender que cada oración y aspiración desde su corazón, está literalmente forzando la expansión de la Luz en cada seno humano además, en los reinos donde los desencarnados esperan la encarnación.

Desde la Presencia "**YO SOY**", la Corriente de Vida fluye hacia dentro del corazón y luego volcándose hacia arriba, forma las Tres Plumas del Fuego Sagrado que Nosotros llamamos la Inmortal y Victoriosa Llama Triple. Ese es el Foco Divino dentro de la forma humana. Ese patrón exacto está en cada corazón humano perteneciente a cada miembro de la raza; justamente así como la luz desde un fósforo es la misma que la luz de otro fósforo, y así como la luz de un foco de luz eléctrica es la misma que en cada foco de luz eléctrica en todo el mundo, asimismo está la esencia en cada corazón humano, conectada por una Inteligencia invisible a todos los demás focos de la Llama, tanto en los seres ascendidos, como en los no ascendidos, pasando a través de toda Vida y hacia dentro del Corazón del Gran Sol Central.

Cuando uno de estos focos del Fuego Sagrado hace una invocación al Reservorio Universal del Bien, sea que esa invocación está dirigida a Dios, a Jesús, María, Mohammed, Zoroastro, o al Búda, la respuesta fluye instantáneamente desde el Ser a Quien le fue hecha la invocación, y también desde el Fuego Sagrado en cada foco de la Vida, ascendida o no ascendida. A medida que la Llama dentro del corazón humano responde a la invocación desde un iniciado o chela esa luz individual es expandida hasta cierto grado, y esa expansión de Luz nunca volverá a retroceder. El individuo que no responde, tampoco es conocedor de ningún cambio en su naturaleza, pero a medida que más y más de los de la raza humana comiencen a enviar estas llamadas de invocación, la Llama Inteligente que nunca pierde la oportunidad de esa llamada para el Fuego Sagrado, comenzaría la presión hacia afuera, hacia dentro de la raza entera, y ésta no podrá ser rechazada. Por lo tanto, no debería haber egoísmo en la invocación de Suministro o Paz, o Pureza, o Luz, porque cada impulso es como un Fuelle Cósmico liberando una pulsación rítmica de esa cualidad dentro de otra parte de la vida. Un Ser no ascendido, alerta en su invocación a la Luz o la Pureza, incrementa la cantidad Cósmica de esa Virtud en el mismo grado en el Gran Sol Central.

La Ley del Círculo

Cuando el hombre ha avanzado desde el Corazón del Padre hacia dentro de la forma humana, se puede decir que ha dejado detrás de él un túnel, y si él escogiera retroceder en el tiempo y mirar a través de las centurias que han sido dejadas atrás antes de que el tiempo fuera, aún podría ver la Luz del Hogar del Padre y el pequeño pero remoto contorno de su propia Presencia "YO SOY". A fin de completar su círculo de existencia, él puede ganar la fuerza de aquel contacto que ha sido no más que el de su propio corazón, debe enviar el círculo hacia adelante y proseguir desde el regreso hacia dentro del Reino del Hogar desde donde él vino.

La Memoria Divina y Eterna, la conciencia y la Belleza que ha sido desde el principio de los tiempos, se convierten en una parte de las túnicas del logro de la corriente de vida, parte de la cosecha que será acumulada y traída por el hijo que regresa, pero él no puede avanzar hacia atrás, sino hacia adelante en su viaje al estado del Ser Completo.

La Ley del Círculo es un bello estudio, porque así como el poder del viento llena las velas del bote para poder llevarlo a lo largo de su curso escogido, también el ímpetu de todas las bellas experiencias que han sido desde el principio de los tiempos se convierte en una presión que el alma puede utilizar en cualquier instante para llevar consigo hacia adelante el Sendero hacia la Perfección. Mientras más fuertes las experiencias de Luz del corazón en las centurias que han sido mayores los ímpetus sobre el cual puede elevarse progresivamente el alma en evolución.

Cuando alguien ha llegado a un punto donde puede mirar hacia adelante o hacia atrás y en ambas direcciones, al final del círculo ve la Presencia del Padre, él está en el centro completo o eje de su manifestación, y entonces avanza hacia dentro del Corazón de Toda Luz y Vida, convirtiéndose éste en un viaje más simple, más feliz y más perfecto.

Bendito sea aquel, quien habiendo aparecido en la luna creciente, regresa sobre el pleno círculo, y en el Nombre de la Perfección encuentra su estado del Ser Completo. También cada cuerpo debe encontrar su Estado de Ser Completo, el cuerpo mental, el cuerpo emocional y el carnal. A medida que ellos lo hagan así,individualmente, mientras estén encarnados, entrarán a ese lugar de Paz, y ya no serán más tiempo perturbados por el "maya" de la creación humana.

La vida es un estudio hermoso

Para Mí la Vida es el estudio más hermoso que puede ocupar la atención y sentimientos de cualquier foco individualizado o forma encarnada, desencarnada o ascendida. Cuando el Gran Padre, el Centro Creador de este Universo en particular, deseó que ustedes entraran a la existencia, la dotación y la herencia de la vida misma, se convirtió en el Regalo permanente mediante el cual la conciencia pudiera ser sostenida, y en cualquier grado de Perfección manifiesta.

La vida que fluye a través del hombre, y que anima su forma, estimula al cerebro para una actividad receptiva, y le da la verdadera capacidad de ser, sentir y saber, contiene dentro de sí misma un poder sostenedor que es completamente independiente de lo externo. Es el Poder que estuvo en el principio, que es ahora y que siempre será antes que la forma fuera, y después que la forma cese de ser. Esta Corriente de Energía Electrónica constante y continua, que nosotros escogemos llamar la Esencia de la Vida, fluye hacia adelante, inteligentemente, para crear, según un diseño dado. En las mentes de las masas, esta Corriente de Energía Electrónica está fluyendo tan inútilmente como hileras de perlas inestables que estuvieran en las manos de un infante que jugara con ellas como si fueran bolitas de madera en un cordel de cuentas.

El hombre busca constantemente respuestas a sus problemas particulares, sus necesidades y requerimientos, igualmente para el sustento de la vida de su cuerpo, y sin embargo, allí permanecen para ser descubiertas dentro de la Esencia Electrónica que pasa a través del corazón y hacia adentro de los vehículos, todos los poderes y las capacidades de la Creación que están dentro de la Deidad.

Practiquen sentir el Principio de la vida en las venas, en las arterias, en el corazón y los pulmones, y pidan a la vida misma que libere sus Regalos, Maravillas y Poderes que harían mucho para engendrar ya una fuerte Fe, y para asistirles en la expresión de la mayor y mayor Perfección.

La Flor de Loto de la Conciencia

En el tema de la Conciencia, debemos pensar de la humanidad como flores pequeñas, siendo el corazón de la flor la pulsación de la Llama, y los pétalos la radiación de esa Llama. La acción vibratoria de cada flor está determinada por los pensamientos y sentimientos de la corriente de vida, y la radiación desde los pétalos es el perfume u olor en la atmósfera. Estos millones de flores flameantes representan la conciencia individual que es la única parte eterna de cualquier corriente de vida. En el momento de la tan llamada muerte, la conciencia es removida hacia dentro de otra esfera de experiencia en donde está tan activa y enérgica como cuando estaba vestida con los átomos del mundo de la experiencia externa.

La llegada de los Maestros Ascendidos a través del velo, y el establecimiento de sus centros radiantes de la conciencia a través de los Santuarios, los hogares y cuerpos de los estudiantes, es una de las más grandes manifestaciones que han aparecido desde la Caída del Hombre, porque aquellos individuos lo suficientemente sabios como para invitar a uno o más de los Seres Ascendidos para establecer una Flor Cósmica de Loto de Sus Conciencias a través de cada foco, individual pequeño, han atraído, consciente o inconscientemente, el Poder Unico que puede transformar sus naturalezas sin luchas. Estos grandes Lotos Cósmicos de Llamas que transportan la Conciencia de los Maestros Ascendidos, a los cuales están sometidos los pensamientos y sentimientos de las pequeñas corrientes de vida en desarrollo, pasan a través de la acción vibratoria de los mundos de pensamiento y sentimiento, y a través del mundo etérico abundantemente y en vez de ser deformados mediante el esfuerzo de la voluntad de las corrientes de vida, con un cierto control y equilibrio, estas pequeñas flores pueden surgir con la Conciencia Cósmica del Maestro, Quien ha sido invitado a entrar al centro de su ser; y los patrones de pensamientos y sentimientos de la corriente de vida individual irradiando hacia afuera, hacia dentro del Universo sobre la corriente fuerte de la Presencia de los Maestros, construirán un ímpetu a través del individuo hasta que él sea como el Maestro en cada expresión hablada de los pensamientos y los sentimientos.

Este centro radiante de pulsación, siendo no más que una avanzada del Cuerpo Maestro Ascendido es una

Copa, un Regalo eternamente sostenido de los Maestros para un ser, y no es retirado ni aun cuando el individuo sea un Ser Ascendido.

Así que ustedes verdaderamente no tienen experiencias de infelicidad al morar en la radiación del Maestro, respirando en la sustancia de la Divinidad, solamente encontrando que son disparados dentro de sus propias acciones vibratorias cuando el Maestro escoge moverse a otra parte.

La invitación de la pulsación rítmica Cósmica de la Conciencia Maestra Ascendida, Llama y Rayo, es atraer a sus sitios en el Universo, una parte eterna y constante de ese flujo de los Seres Divinos que serán parte de la gloria de ustedes para toda la Eternidad. En los días antiguos el estudiante venía a los pies del Maestro y era elevado, pero cuando el Maestro hacía la transición a través del cambio o era removido, el estudiante encontraba que por su propio peso regresaba de nuevo a la acción vibratoria de su estado evolutivo, y algunas veces, sin el poder sostenedor del Maestro, llegaba a desalentarse por centurias. Bajo esta nueva acción de la Ley, el poder radiante del Maestro, sostenido permanentemente, continúa con el estudiante dondequiera que él pueda estar Podría decir, para usar un símil casero, que esto sería como dar una naranja a un hombre hambriento, y cuando ésta sea consumida, él regresará a ese mismo estado. Es mucho mejor darle un árbol cargado de abundantes frutas del cual él pueda arrancar y comer, tanto como la necesidad lo requiera.

Quiten todo poder a las apariencias

Hasta que el hombre pueda comprender que es su propia vida la que faculta y hace todas las cosas en su mundo y experiencia de la vida, dándole a ellos realidad o irrealidad, como el caso pueda ser, no podrá pasar desde los reinos de las sombras a los Reinos de la Verdad. El poder que está dentro de cada corriente de vida, no importa cuán ignorante sea, debe ser descubierto y localizado por esa conciencia antes de que pueda sobrevenir la liberación real y permanente.

En el Oriente, los Maestros hacen constantemente que el estudiante vuelva atrás hacia el estudio de los Poderes dentro de su propia vida, tanto para curar las condiciones de la carne, para iluminar la mente, como para liberar el alma. La humanidad, sin embargo, ha preferido delegar poder a los agentes externos, y mediante su propia fe en esas cosas externas, las han animado, por así decir, con ciertos efectos benéficos o malignos sobre sus vidas. La tendencia de la humanidad de la Tierra es el letargo: es mucho más fácil endiosar a un agente externo que llamar los poderes dentro de la propia vida de alguien que mediante ciertas actividades pueden ser fundidos, re-organizados, transmutados y perfeccionados. Los salvajes, además de las civilizaciones desde el hundimiento de la Atlántida, han continuado exteriorizando el poder de la limitación, de la guerra, de la pestilencia y del hambre, así como también, los poderes benéficos de las iglesias y los ídolos: y luego han concluído, siendo víctimas de sus propias creaciones.

En este día y era, estamos esforzándonos de nuevo en producir que el estudiante se re-examine, resueltamente, y re-delegue de nuevo el poder que ha dado a lo externo, a la Deidad y a la Esencia de su propia Vida. Esto es mucho más difícil de lo que parece a primera vista, porque cuando la gente dice: "yo quito todo el poder que he dado a las personas, lugares, condiciones y cosas", ellos no siguen con sus sentimientos el inmenso poder de esa afirmación. Si el hombre diera el poder de su propia vida que él ha cargado dentro de las fuerzas externas y residuales para curar, encontraría que la tremenda liberación de las corrientes curativas yacen dentro de la vida misma que pasa a través de él; pero las muletas no deben ser quitadas a las masas hasta que este entendimiento sea sembrado profundamente en sus corazones: porque mejor es tener fe proyectada externamente y luego retomarla como un efecto benéfico, que no tener fe de ninguna manera.

Mientras tanto ponderen esa afirmación dada arriba, pidan a la Amada Palas Atenea que proyecte el Rayo de su Llama de la Verdad sobre ella y vean si pueden entrar dentro del nuevo entendimiento de los poderes y capacidades internas de sus propias vidas.

El Alma buscadora considera lo nuevo

Ha sido predicado que el alma buscadora de las edades se ha afirmado sobre las tantas y muchas necesidades o requerimientos que el individuo, en su conciencia evolucionada personalmente, sintió que una vez alcanzadas, serían la meta final. El poder motivador detrás de toda acción mental, física o emocional, determina en alto grado la meta final y la experiencia externa hacia la cual el alma, en su búsqueda se lanza a sí misma. El hombre, en su imperfección, llegó a estar consciente cada vez más de la ausencia de ciertas cualidades, características, o posesiones, y durante la etapa experimental de su progreso a través de la materia (sin aún buscar lo suficiente él mismo) para recibir la guía en cuanto a la meta en particular hacia la cual pudiera dirigir las fuerzas y energías de su ser, ha empleado muchos caminos privados, buscando la riqueza, la compañía, la salud, el poder, etc., sintiendo que estos regalos en sí mismos le harían a él un Ser completo. El poder motivador detrás de la energía, formó su sendero, y la Ley de Atracción Magnética le atrajo eventualmente hacia la meta que él había establecido con lo último de su viaje. Aunque a menudo esto le tomó muchas encarnaciones, desde su paso inicial sobre tal camino privado, hasta su terminación, él encontró que ESE regalo o cualidad en particular no era el alimento o el final, y que de nuevo tendría que establecer el rumbo del viaje en otra dirección.

Mirando el progreso, muy de cerca, pero no completamente de cualquier corriente de vida individual, antes que un círculo sencillo, encontramos rayos como una rueda corriendo desde el centro hacia un lugar remoto, y de nuevo regresando, no existiendo circunferencia o círculo externo que los conecte y los unifique en un propósito.

Como ya la humanidad ha gastado millones de años en la búsqueda de la plenitud de su propia conciencia, y ha explorado hasta su final casi todos los senderos concebibles tejiendo la energía de su propia vida, llegamos, al final de la era, a un periodo en que las almas de los hombres están inciertas, confusas, desilusionadas y aturdidas, sin saber a qué camino volcarse para encontrar esa Plenitud que nunca le dará a la corriente de vida descanso hasta que lo logre.

Vamos, entonces, en nombre de la humanidad de la tierra, a invocar a la Presencia de la Diosa de la Verdad, la Amada Pallas Atenea. Permítase que el dogma, el credo y opinión preconcebida, pasión y deseo de los sentidos de lo externo sean reemplazados dentro del corazón de la conciencia de todas las personas por el deseo de saber la Verdad plena en lo que a la vida concierne, sus relaciones con ésta, su capacidad de atraerla, y a través de la unificación con ella completar su Círculo de Manifestación, llegando a ser la Divinidad Individualizada.

El Sendero Místico que avanza desde el Cuerpo Emocional, dirigido por la Fuerza Mental y las Energías de Vida, concentradas, conducirán al hombre en cualquier dirección y si la radiación desde el Cuerpo de Sentimiento fluye a través del pensamiento, forma rítmica y repetitivamente, con la misma constancia consciente con la que alimentamos el cuerpo, entonces ocurrirá la manifestación. La Constancia, con la cual se alimenta el pensamiento-forma, determina la precipitación real. Si el Cuerpo de Sentimiento, sin embargo, rechaza alimentar el Pensamiento Divino liberado desde arriba el pensamiento-forma o se desintegra o pasa fuera de la esfera de la oportunidad de aquel y se ancla dentro de una conciencia más receptiva en la esperanza del logro. Cualquier pensamiento que dañara, naturalmente que no tendría la radiación del mundo de sentimiento, pero el Pensamiento Divino, presentado para la manifestación, representa una oportunidad maravillosa para que el individuo sea co-creador en el Reino de Dios manifestándose.

Viajando en Conciencia

Viajar en conciencia, es utilizar el medio de levitación más elevado y más eficiente. Todos los Maestros Ascendidos y Seres de la Esfera de la Cuarta Dimensión, avanzan a través del Universo por medio de la manipulación de la conciencia. La Humanidad, en cierto grado en su esfera limitada, experimenta la transportación de su conciencia hacia dentro de nuevos reinos, a través de la lectura historias-narradas y películas. Por ejemplo, cuando un individuo llega a estar totalmente concentrado en una descripción de hermosas montañas, con grandes altiplanos, elevándose por encima de zonas boscosas, en donde hay múltiples flores silvestres a menudo no vistas por los ojos de aquellos quienes viven en otras secciones del planeta, en ese momento, él ha entrado dentro de la propia localidad, y aunque la envoltura de la carne puede que no sepa del movimiento o cambio, él ha ensanchado su conciencia para incluir la belleza y la perfección que sus ojos carnales quizás nunca puedan ver. En consecuencia, vemos que el enriquecimiento, el desenvolvimiento y la expansión de la conciencia pueden avanzar con o sin compañía del vehículo físico que es la envoltura de la encarnación.

De la misma manera que la conciencia de un hombre es su tesoro inmortal, y la única parte de su ser que perdura a través de los vastos ciclos de la encarnación y desintegración física, igualmente el enriquecimiento, el desenvolvimiento y la expansión de la conciencia se convierte en el comando supremo de la vida del alma. Cuando los Maestros Ascendidos escogen verter Su

Radiación e Instrucción dentro de las mentes y corazones receptivos, ésta también se convierte en una gran riqueza de la conciencia del individuo y lo capacita al familiarizarse con estas nuevas esferas, actividades, planes y poderes, tanto a visitar como a asimilarse dentro de la Conciencia, de mayor sabiduría y riquezas de estos Reinos de Luz perfectos.

No se fatigan permitiendo que la conciencia more sobre la Perfección en cualquier esfera, porque ustedes están allí en verdad, a través de la levitación Cósmica, como si sus vestiduras físicas pesadas fueran transportadas por una alfombra mágica hacia dentro de tal Reino.

La Conciencia Maestra Ascendida

La Conciencia Maestra Ascendida es un gran Reservorio Cósmico de Sabiduría, Comprensión y Realización de la Verdad detrás de toda forma manifestada. El Maestro ha desarrollado esa Conciencia a través del vivir. Cada experiencia que Él tuvo, cada hermosa vista que Él vio, cada manifestación Divina que Él atestiguó fue tejida dentro y se convirtió en parte de su Conciencia que continúa creciendo y expandiéndose a medida que Él prosigue Su viaje a través de este Sistema de Mundos.

De igual manera que el infante al nacer tiene menos en su conciencia, respecto al uso de las manos y los pies y el mundo que le rodea que el hombre quien ha logrado su mayoría de edad, así también los seres no ascendidos tienen una conciencia mucho más limitada que el individuo quien se ha convertido en la Presencia Maestra. El propósito de la experiencia de la vida en el plano de la tercera dimensión, es expandir la conciencia y dar al individuo un altar mayor de la vida y la capacidad de servir. En el mundo tridimensional, el infante y el niño pequeño abren sus conciencias al aprendizaje y a la sabiduría limitada de los mayores, y reciben por transferencia, mucho de la conciencia que él requerirá para sostener su propia vida, motivar su vehículo personal, y contribuir, en pequeña medida, a la evolución de su raza, país y cualquier dirección que él pueda escoger enviarla, y al final del Sendero, encontrará exactamente lo que sus sentimientos han estado buscando, pero aquel que escogiera seguir el Sendero de la Verdad, le será revelado, como una gran Luz, la Voluntad del Padre su relación con Él, y sus capacidades para incrementar y multiplicar las glorias del Reino.

La reorientación del Cuerpo Mental

La capacidad del Cuerpo Mental, o conciencia intelectual del hombre, ha estado limitada a la aceptación de las formas pensamientos ya existentes que fluyen a través de la atmósfera inferior del Plano de la Tercera Dimensión, y la acción vibratoria de esta materia mental que fluye en y fuera de un puerto, comprende lo que la gente llama pensamientos dentro de éste. El Cuerpo Mental es como una cáscara que lleva y arrastra consigo las olas de los pensamientos que han estado fluyendo en un mar estancado durante centurias.

De entre la gran masa, ha habido individuos quienes de vez en cuando han desconectado el Cuerpo Mental de la mente de la masa y que han utilizado el Cuerpo Mental como una copa para recibir las nuevas y vitalizantes creaciones de pensamientos desde el Plano Mental Superior. Esta gente, los inventores, los filósofos, los genios del arte y la música, y los líderes espirituales de sus días, establecieron nuevas corrientes de pensamientos en la materia mental, a la cual la humanidad, con un todo, tuvo acceso, y estas corrientes comenzaron a pasar a través de la conciencia y fueron aceptadas finalmente como una parte de la herencia y credo de la mente de la masa, por ejemplo, el hecho de que la Tierra es redonda, que la electricidad podía ser aprovechada, etc. Es asombroso ver que hay pocos pensadores encarnados sobre el plano, y por esta razón el control y la dominación hipnótica de la raza entera ha sido logro fácil para aquellos, quienes saben cómo poner en movimiento las corrientes de pensamiento que fluirán, sin resistencia, a través de la materia mental de los vehículos mentales receptivos de la raza.

A fin de liberar la perfección plena del Reino de los Cielos, dentro del mundo de la apariencia física, tenemos que desconectar los cuerpos mentales de la gente, de esta ociosidad y de la inactividad imaginativa, y enseñarles que sus vehículos mentales pueden ser elevados hasta los Planos Superiores, en donde activos, los procesos creadores del pensamiento pueden dirigir los planes y patrones de una forma nueva para revolucionar el Reino de la Tierra.

Cualquier cosa que ustedes puedan hacer a lo largo de esta línea mediante el llamado para la purificación de los cuerpos mentales de la gente y para su emancipación de la ociosidad en la cual han caído, será grandemente apreciada. Una conciencia intelectual, alerta y receptiva, en la cual el orgullo no haya creado una cáscara, permite a la Actividad Superior de la Vida, tener un maravilloso canal, a través del cual enviar mucho de las Ideaciones Divinas que están esperando la expresión en el plano de la tercera dimensión.

La naturaleza de sentimientos provee la sustancia

El Cuerpo Mental crea la forma, es decir, el cuadro deseado a ser manifestado. Este tiene un contorno preciso más allá de la Sustancia de Luz Universal y es un recipiente o Cáliz que debe ser llenado mediante el poder de la Luz que yace dentro del cuerpo Emocional. En el Plano Mental están fluyendo constantemente innumerables formas que han sido creadas por algunas conciencias aspirantes, pero que nunca fueron precipitadas hacia dentro de la expresión física, debido a que la naturaleza de SENTIMIENTO de la corriente de vida particular, no cooperó con el patrón mental y liberó la sustancia para llenar la copa mediante la cual este pudo ser bajado hacia dentro del plano tridimensional.

Un pensamiento nunca puede convertirse en una cosa hasta que sea llenado con la sustancia de sentimiento. El entrenamiento del Cuerpo Emocional, para que sea cooperador con los pensamientos, formas constructivas, que son en su mayoría buenos, capacitará al chela a convertirse en una verdadera parte poderosa de la belleza creadora en el ciclo venidero. Si el pensamiento forma presentado a la puerta de la conciencia es bueno, bello, armonioso y contiene dentro de sí mismo el poder para bendecir la vida, éste pasa sin decir que es una parte del Diseño Divino. Si el cuerpo de Sentimiento, inviste la forma con Amor, Entusiasmo, Paz, Armonía, y todo sentimiento que sea una Virtud, es vida familiar.

Sin embargo, en su sentido más amplio y de mayor libertad, la humanidad de la Tierra misma, no ha dispuesto de esta transferencia Cósmica, mediante la cual mucho de la Conciencia Maestra Ascendida podría fluir libremente hacia dentro y mezclarse con la conciencia limitada de los que están sin despertar. Un infante, mediante el método de la experimentación y el error, podría aprender las motivaciones fundamentales del cuerpo y aún más, las complejidades de la astronomía y cálculos, sin la asistencia de la conciencia ya perfeccionada, lograda por su predecesor, pero el tiempo, esfuerzo y energía involucrada, sería mucho más que lo que una corriente de vida promedio, quisiera o pudiese expandir.

Pero en su mayoría, los individuos están deseosos de aceptar la asistencia de la conciencia que ha ido delante de ellos en el plano de la tercera dimensión. De igual forma, el alma puede lograr, mediante el método de la experimentación y el error, cierta verdad y comprensión que expandirá la conciencia hasta un grado limitado, o puede disponer él mismo de la plena Conciencia Cósmica, perteneciente a la Hueste Ascendida, y asequible a todos los que escojan invocarla. Los POCOS que escogen el camino más fácil de abrir sus conciencias a los Seres Divinos, son llamados los Estudiantes en el Sendero; y los muchos que avanzan, mediante el método de la experimentación y el error, son las mentalidades ortodoxas que componen la masa de la raza.

Y así que Nosotros estamos, con la Sabiduría de las Edades, esperando el llamado para eliminar las mentes, los corazones y los espíritus de aquellos en la oscuridad. Si ustedes tienen el cuidado de invocar a esta Conciencia Crística o Maestra Ascendida, para las masas. Nos asistirán grandemente, aún a despecho de sus naturalezas letárgicas o desinteresadas.

TÍTULOS DE ESTA COLECCIÓN

Impreso en Offset Libra

Francisco I. Madero 31

San Miguel Iztacalco,

México, D.F.